최인우_신진오의 **생활투자** 이해

인쇄 | 2015년 8월 10일
발행 | 1판 1쇄 2015년 8월 15일
　　　1판 2쇄 2015년 9월 30일
저자 | 최인우 · 신진오
발행인 | 김상일
발행처 | 혜성출판사
발행처 주소 | 서울시 동대문구 신설동 114-91 삼우 B/D A동 205호
전화 | 02)2233-4468　　FAX | 02)2253-6316
표지 · 본문디자인 | 도움의 돌
인쇄 | 삼진프린텍
등록번호 | 제6-0648호
홈페이지 | http://www.hyesungbook.com

정가 15,000원

ISBN 979-11-86345-08-5 03320

* 이 책의 무단복제 또는 무단전재는 법으로 금지되어 있습니다.

최인우 _ 신진오의
생활투자 이해

최인우 _ 신진오의

생활투자 이해

| 최인우_신진오 지음 |

혜성출판사

| 들어가며 |

투자는 생활화 되어야 한다

청양(青羊)의 해 2015년도 벌써 중반을 지나가고 있다. 전 세계는 지금 뉴-노멀시대(저금리, 저물가, 저성장)가 지속되고 있다. 미국 최대의 채권운용회사 '핌코'의 CEO인 모하메드 엘 에리언(Mohamed El Erian)은 그의 저서 '새로운 부의 탄생'에서 2008년도에 발생한 금융위기 이후의 뉴-노멀(New-Normal)의 개념을 제시하여 많이 알려졌다. 2007년 서브프라임 모기지 사태와 2008년 미국 리만브라더스 파산 등으로 촉발된 글로벌 금융위기 이후, 저금리, 저물가, 저성장은 전세계적으로 계속 유지될 전망이다.

이런 상황 속에서 국민들의 삶의 질은 어떻겠는가? 저성장이라도 경제가 성장을 지속하고 있는 것은 사실이다. 하지만, 임금 상승률이 정체되기 마련이고 급여를 받아 평범하게 살아가는 많은 국민들의 삶의 질은 날이 갈수록 낮아질 우려가 있다.

우리의 생활을 돌아보자. 인터넷 사용은 기본이고, 스마트폰 시대가 도래하면서 과거와는 비교도 되지 않을 만큼 많은 통신비를 지출하고 있다. 사교육비는 또 어떤가? 수시로 바뀌는 교육정책에 대응하기 위해 대부분의 가정이 갈수록 높아지는 자녀들의 사교육비를 감당하고 있다. 청년실업 문제가 고착화 되면서 이제는 대학에 입학한 자녀들에게 까지 대학 등록금은 물론이고, 취업에 대비한 사교육비도 지출해야 하는 것이 일반화되어 가고 있다. 이런 상황에서 삶의 질을 높일 수 있는 소비를 할 수 있겠는가?

직장에서 받는 급여만으로는 삶의 질 저하를 막을 수 없다면, 삶의 질을 높일 수 있는 해법은 무엇일까? 그 해답은 '투자'에서 찾을 수 있다. 이것은 일반적으로 흔히 쓰이는 '재테크'라는 말과도 일맥상통한다.

그런데, 많은 사람들이 갖는 의문은 바로 이것이다. '도대체 어떻게 투자를 해야 성공할 수 있는 것인가?' 투자를 해서 자산을 늘리고 싶은 것은 모든 사람들이 갖는 공통적인 생각이다. 하지만, 많은 사람들은 그것을 선뜻 실행하지 못한다. 그 이유는 '위험' 때문이다. 높은 수익을 가져다 줄 수 있는 투자일수록 높은 손실이 발생할 수 있는 위험이 따르고, 그 위험을 감내할 자신이 없기 때문에 투자를 하지 못하는 것이다.

'투자는 위험한 것'이라는 생각은 상당 부분 '무지'에서 비롯된다.

투자에 대해서 잘 알지 못하기 때문에 투자를 위험한 것이라고 치부해 버리고 접근하지 않는 것이다. 이것은 마치 수영을 못하는 사람이 '깊은 물'을 무서워 하는 것과 같다. 하지만, 수영을 잘 하는 사람은 '깊은 물'도 놀이터가 된다. 수영을 잘 하는 사람이라고 해서 '깊은 물'이 위험하지 않은 것은 아니다. 수영을 잘 하는 사람은 그 위험을 잘 다룰 줄 안다. 위험을 거스르면서 수영을 하는 쾌감을 느낄 뿐만 아니라 '건강'이라는 부가가치도 획득한다.

투자도 수영과 다를 바 없다. 위험을 다루면서 '투자의 바다'에서 수영을 하는 사람은 투자를 하는 과정에서 즐거움을 느낀다. 그리고 '자산증대'라는 부가가치도 획득한다.

투자를 잘 모르는 많은 사람들이 착각하는 것이 투자를 '일생일대의 큰 도전' 이라고 생각하는 것이다. 그만큼 신중에 신중을 거듭하여 해야 하는 것이라고 생각한다. 이 부분이 투자에 대한 가장 큰 오해이다.

다시 투자와 수영을 비교하여 설명해 보겠다.

대한민국의 수영선수였던 조오련(1952년~2009년)은 1980년에 대한해협을 수영으로 횡단했고, 1982년에는 영국의 도버해협도 수영으로 횡단했다. 조오련은 이러한 '일생일대의 큰 도전'을 위해 평생 수영을 생활화 했고 수영선수로서의 삶을 살았다. 대한해협을 수영으로 건널 때, 수영을 처음 해본 사람이 절대 아니라는 이야기다.

투자도 마찬가지다. 일상생활에서 수영을 재미로 하듯이 투자도 일상생활 속에서 재미로 해야 한다. 투자를 하면서 반드시 '일생일대의 큰 도전'을 할 필요는 전혀 없다. 수영을 재미로 배우는 사람 모두가 대한해협을 건널 필요는 없지 않은가!

일상 생활 속에서 재미있게 투자를 하다 보면, '일생일대의 큰 도전'을 할 기회가 생겼을 때 그것이 기회라는 것을 알아볼 수 있는 능력도 생기게 된다.

하지만, 일상 생활 속에서 재미있게 투자를 하려면 어느 정도의 끈기가 필요하다. 많은 사람들이 작은 투자실패로 인해 투자를 멀리한다. 이것은 수영 수업 첫날 물에 뜨지 않는다고 해서 수영을 포기하는 것과 같다. 끈기를 가지고 수영을 배우다 보면 어느새 물에 떠 있는 자신을 발견하는 것처럼 작은 실패의 경험을 배움으로 받아들이다 보면 어느새 투자의 바다를 자유롭게 헤엄치고 있는 자신을 발견하게 된다.

2015년 6월
저자 최인우

| 들어가며 |

경험해 보면, 투자는 어렵지 않다

투자론을 강의하다 보면, 정말 기본적인 개념 조차도 이해하지 못하는 학생들을 많이 보게 된다. 증권사는 커녕, 은행에 가서 보통 예금 계좌도 만들어보지 않은 학생들도 많다. 이것은 매우 안타까운 일이다.

우리 대한민국의 자녀들은 초등학교, 중학교, 고등학교를 통해 투자에 대한 기본적인 것도 배우지 않는다. 심지어 대학에 들어가서도 배우지 않는다. 대학에서 투자론 강의를 들었다고 해서 주식이나 채권투자를 할 수 있는가? 투자는 커녕 증권사에 가서 본인의 위탁계좌(주식, 채권 등의 거래와 자금이체가 가능한 증권사 계좌) 트기도 생소하다.

전세계 인구의 약 0.2%에 불과한 유태인이 역대 노벨상 수상자 중 22%를 차지하며, 미국 8개 사립대학의 총칭인 아이비리그(IVY

League) 학생의 30%를 차지하고, 미국 400대 부호의 25%에 해당한다는 것은 이미 알려진 사실이다. 이러한 유태인들은 자녀들이 어릴 때부터 '돈'에 대한 관념을 그들에게 명확하게 인지시킨다. 그들은 어릴 때부터 자금에 대한 운용방법을 교육받는다. 이것은 투자에 대한 접근을 쉽게 해 주어 결과적으로 투자에 대한 거부감을 없앤다.

'자금을 운용하는 방법'이나 '투자에 대한 기본 개념'은 대한민국의 미래를 책임질 학생들에게 꼭 필요한 지식이다. 하지만, '어떻게 알기 쉽게 효과적으로 교육할 것인가?' 하는 것이 교육하는 사람들의 고민이다. 이 책은 투자에 대한 기본적인 개념을 알기 쉽게 풀이하여 책을 읽고 난 독자라면 투자를 시도할 용기를 가질 수 있도록 기획되었다.

시중에 투자에 관한 책들은 많다. 대학에서 투자론 교재로 쓰이고 있는 책들도 넘쳐난다. 하지만, 이런 책들은 투자 경험이 없는 대학생들이 읽기에 지나치게 어려울 뿐더러 투자 관련 업무에 종사하지 않는 많은 성인들에게도 상당히 어렵다. 실제로 경영대학원 강의실에서 투자론을 듣는 대학원생들 중 상당수가 교수의 강의를 전혀 알아듣지 못할 뿐만 아니라 투자론의 기초 입문서 수준의 교재도 상당히 어려워 하고 있다는 사실을 목격한 바 있다.

물론, 투자 관련 업무에 종사하고 있는 사람들은 시중에 나와 있는 책들이 쉽게 이해가 될 것이다. 하지만, 투자에 대한 개념을 공부할 필요가 있는 대부분의 많은 사람들에게는 학문이나 이론을 나열해 놓은 책이 적합하지 않다. 실제로 투자를 시작할 때, 그러한 많은 이론을 알지 못해도 시작할 수 있다.

이 책은 독자들이 읽고 바로 투자를 실제 생활에 적용할 수 있도록 쓰여진 책이다. 투자행위는 '이론'이 아니라 '실제'이며 투자를 위한 입문서는 실제로 투자를 실생활에 적용할 수 있는 '용기'를 주어야 한다.

자전거를 운전하는 것은 단순하다. 하지만, 거기에는 복잡한 물리학이 숨어있다. 자전거 타는 법을 배울 때, 거기에 적용되는 물리학을 배울 필요는 없다. 그런 이론을 배운다고 할 지라도 자전거 운전에는 별로 도움이 되지 않는다. 자전거를 타기 위해서는 중심을 잡는 법만 알면 된다. 그리고 중심을 잡기 위해서는 실제로 자전거를 타고 그 느낌을 알아야 한다.

투자도 마찬가지이다. 실제로 투자론을 공부하지 않고도 실전 투자를 하여 성공한 많은 사람들이 있다. 투자라는 '사이클'을 타고 그 바퀴를 굴려보면 그 동안 알지 못했던 전혀 새로운 투자의 세계가 펼쳐진다. 그것은 마치 자전거 타는 법을 몰라 낑낑 대다가 자전거 타는 법을 터득한 순간 느끼는 희열과도 같다.

이 책은 처음 투자를 시작하는 사람들을 위한 입문서이다. 이 책에서 다루고 있는 영역은 상장주식, 금융상품, 채권, 비상장주식, 벤처투자에 이르기까지 투자에 꼭 필요한 거의 모든 분야를 기술하고 있다. 시중에는 각 분야의 실전투자 전문가들이 해당 분야를 쉽게 풀어 쓴 책들이 일부 출간되어 있다. 하지만, 이렇게 광범위한 영역을 알기 쉽게 풀어 놓은 책은 거의 없다. 게다가 이론서에는 다루지 않는 지극히 실무적인 영역까지 다루고 있다.

이 책을 읽은 독자들은 투자가 어렵고 힘든 영역이 아니라, '밥을 먹듯이' 또는 '운동을 하듯이' 자연스럽게 생활 속에 녹아드는 경험을 하게 되길 바란다. 이 책을 읽고 실전 투자에 입문하여 다양한 투자경험을 쌓은 후, 시중에 나와있는 투자 관련 이론서들을 다시 한번 살펴보라. 과거에 어려워서 이해가 되지 않았던 투자 이론들이 너무나 쉽게 이해되는 '놀라운' 경험을 하게 될 것이다.

2015년 6월
저자 신진오

| 추천사 |

    100세 시대를 맞아, 많은 사람들은 노후준비를 위한 재테크에 관심이 많다. 하지만, 투자를 한다고 해서 모두 성공할 수 있는 것은 아니다. 투자에는 위험이 따르고, 이 위험을 잘 관리하지 못하면 손실을 입을 수 있다. 따라서, 자신의 경험을 바탕으로 한 자신만의 투자철학을 갖추지 않으면 투자를 성공적으로 이루기 어렵다.

    이 책은 '개인 투자자들이 어떻게 하면 효과적인 투자를 할 수 있는지', '투자실패에 현명하게 대처하는 방법이 무엇인지' 등 투자경험이 없는 사람들에게 금융투자에 대한 이해의 폭을 넓혀주고, 독자들이 자신만의 투자철학을 가질 수 있도록 자연스럽게 유도하고 있다.

    또한 어려운 금융투자에 대한 전반적인 포인트들을 알기 쉽게 풀어놓았기 때문에 금융투자 경험이 많지 않은 사람들이 읽기에 좋은 책으로 추천한다. 많은 독자들이 이 책을 읽고, 올바른 투자철학을 수립하길 바란다.

신한생명 대표이사
이성락

| 추천사 |

    2015년 7월에 주식 폭락 사태를 겪었던 중국에서 주식투자에 따른 극심한 스트레스 때문에 심리치료를 받는 이들이 늘었고, 가족을 살해하는 등 극단적인 범죄 사건도 발생하고 있다는 뉴스 보도가 있었다. 주식 투자는 하루에도 가격변동이 매우 심하기 때문에 심리적인 압박이 심하다.

    이 책에서는 투자 실패를 어떻게 대비해야 하며, 투자 실패를 어떻게 투자 성공과 연결을 시킬 것인지에 대해서 자세히 다루고 있다. 주식 투자의 성패는 위험을 어떻게 잘 다루느냐에 달려있다. 그 위험을 다루는 것은 투자자의 심리에 좌우되는 경우가 많다.

    이 책의 가장 큰 장점은 투자자의 심리를 세부적으로 묘사하고 있다는 점이다. 투자 관련하여 많은 서적들이 있지만, 투자를 진행하는 순간순간에 투자자의 심리를 세부적으로 묘사해 놓은 책은 드물다. 이 책을 읽는 내내 내가 직접 사례 속에 들어가서 투자를 하고 있다는 느낌을 받을 정도로 심리묘사를 잘 해 놨다는 점에서 높은 점수를 주고 싶다.

대신증권 대표이사
나재철

| 추천사 |

　투자는 학문적으로 배우는 것 못지않게 경험도 매우 중요하다. 탄탄한 이론으로 무장한 후 투자를 하더라도 실전에서는 오히려 투자자의 생각과는 반대되는 결과가 종종 생길 수 있는데 이는 투자 환경이 엄청나게 빠른 속도로 변화하고 있으며 이론도 현실의 투자 세계를 완전히 설명해 주지 못하고 있기 때문이다.

　2008년 9월 발생한 금융위기 이후 1929년의 대공황에 맞먹는 경기침체를 극복하기 위해 주요 선진 중앙은행들은 거의 "영(zero)" 수준까지 정책금리를 인하하고 이에 더해 소위 "양적완화"라는 비전통적 통화정책을 수행하였다. 금융위기 이전에 투자자나 통화당국들이 이와 같은 "영(zero)" 수준까지의 정책금리 인하나 양적완화 통화정책을 상상이나 했겠는가?

　이러한 비전통적 통화정책에 대한 이론체계도 금융위기 이후 체계화되었다는 점을 생각해 보면 독자들은 투자 환경이나 이론이 얼마나 빠르게, 그리고 예상하지 못한 방향으로 흘러가는지를 잘 알 수 있을 것이다. 그런 의미에서 이 책은 이론에서는 다루기 어려운 실전 투자의 방향성을 잘 말해 주고 있다.

　이론을 풀어놓은 딱딱한 이론서가 아니라 환경 변화에 맞는 다양한 투자 사례들을 분석해 놓았기 때문에 이론의 한계를 극복할 수 있는 통찰력을 제공해 주는 것이 이 책의 장점이다. 더불어 이 책은 이런 류의 책에서 느끼는 딱딱함에서 벗어나 쉽게 읽힐 뿐만 아니라 투자 경험이 없는 독자에게도 투자에 대한 막연한 두려움 보다는 투자에 대한 장점과 가치를 일깨워준다.

 이 책을 집필한 최인우 박사, 신진오 교수는 오랜 기간 투자를 업으로 해 온 투자전문가로서 투자 경험이 적은 독자들에게 투자에 대한 노하우와 투자 철학 및 경험들을 쉽게 설명해주고 있다. 많은 독자들이 저금리라는 새로운 금융 환경 하에서 이 책을 통해 투자에 대한 진정한 가치를 이해하기 바란다. 특히 투자 경험이 거의 없는 독자들에게는 최소한 투자에 대한 '감' 만이라도 생길 수 있다면 큰 소득이 아니겠는가?

한국은행 금융시장국 부국장

황 성

| 추천사 |

    2015년도에 저금리 기조가 지속되면서, 은행 예금에 만족하지 못하는 사람들이 투자에 관심을 갖고 있다. 부동산 시장이 오랫동안 침체기였기 때문에 금융투자에 대한 관심이 더 높다고 볼 수 있는데, 투자에 경험이 없는 사람들은 복잡한 금융투자를 이해하기 어렵다.

    이 책은 복잡한 금융투자에 대해서 투자경험이 없는 사람들이 알기 쉽게 풀어내려고 고민하고 노력한 흔적이 보인다. 이 책의 저자들이 오랜 시간 동안 투자를 해 온 투자전문가라는 점에서 가볍게 풀어낸 글 들에서도 무게감이 느껴진다.

    주식투자에서 벤처투자에 이르기까지 광범위한 주제를 다루고 있다 보니, 투자경험이 적은 독자들의 투자 입문서로 손색이 없을 듯 하다. 문체가 딱딱하지 않아 술술 읽다 보니, 투자전문가인 저자들의 깊은 투자철학도 깨달을 수 있었다. 투자에 관심을 갖고 있었으나, 투자경험이 없어 고민했던 사람들에게 적극 추천한다.

기획재정부 국채과 과장
김희천

| 차례 |

들어가며 최인우 … **10**
들어가며 신진오 … **14**
추천사 신한생명 대표이사 이성락 … **18**
추천사 대신증권 대표이사 나재철 … **19**
추천사 한국은행 금융시장국 부국장 황성 … **20**
추천사 기획재정부 국채과 과장 김희천 … **22**

제1장 투자를 바라보는 관점

투자 실패와 죽음의 상관관계 … **30**
왜 뒤집어야 하는가? … **34**
기다리면 올까? … **37**
어떤 것을 골라야 할까? … **41**
투자는 놀이가 될 수 있을까? … **44**

제2장 상장주식 투자

얼마면 돼? … **48**
어느 정도 비중으로 투자할까? … **51**
증권계좌 개설이 어려워? … **54**
어떤 주식을 살까? … **57**
언제 매도해야 할까? … **61**
기술적 분석은 필수인가? … **67**

제3장 금융상품 투자

복리의 힘 … **72**

CMA와 MMF … **76**

ELS … **81**

주식형 펀드와 채권형 펀드 … **86**

적립식과 거치식 … **90**

제4장 채권 투자

채권 투자는 100% 안전한가? … **94**

채권의 종류 … **100**

은행예금과 채권의 차이 … **102**

주식과 사채의 차이 … **105**

채권 직접투자와 채권형 펀드의 차이 … **108**

채권 투자의 본질적 특성 … **111**

제5장 채권가격과 수익률

돈의 기능 … **116**

돈의 절대적인 가치, 금리 … **118**

금리가 하락하는데, 왜 채권 가격이 상승할까? … **122**

금리가 상승하는데, 왜 채권 가격이 하락할까? … **124**

수익률곡선 (Yield Curve) … **126**

채권 신용도와 수익률 … 128
채권 잔존만기와 수익률 … 130

제6장 전환사채와 교환사채
하이브리드 투자 상품 … 134
전환사채의 이해 … 137
전환사채 전환가액 조정 … 140
발행기업 입장에서 본 전환사채 … 143
교환사채의 이해 … 147
교환사채 발행 사례 … 151

제7장 신주인수권부사채
신주인수권부사채의 이해 … 154
BW 투자 성공사례 … 158
BW를 이용한 차익거래 … 161

제8장 비상장주식 투자
비상장 기업 주식의 거래 과정 … 166
투자할 비상장 기업의 선정 … 171
비상장 주식의 매수 과정 … 178
비상장 주식의 매도 과정 … 183

비상장 주식 투자가 항상 '장미 빛'일까? … 188
비상장 주식 투자의 함정 … 192
비상장 주식 투자를 바라보는 관점 … 196

제9장 공모주 투자와 심사청구 예정 기업 주식 투자

공모주 투자의 본질은 차익거래 … 202
티끌 모아 태산 … 207
심사청구 예정 기업 주식 투자 … 211
상장 위험이 존재하는 비상장 주식 … 214
상장 리스크를 대비하는 투자전략 … 216

제10장 벤처기업 투자

어느 회계사의 이유 있는 벤처투자 … 224
벤처기업 투자의 본질 … 228
벤처기업에 투자해서 성공할 확률 … 232
생활 투자 관점에서 본 벤처기업 투자 … 235

제11장 스타트업(Start up) 벤처투자

창업이 쉬운 길은 아니다 … 240
창업 초기 기업은 자금이 필요하다 … 243
스타트업 벤처기업의 기업가치 … 246

투자 배수가 뭐야? … **250**
기업가치 평가의 논리 … **256**
벤처기업 인증 제도의 이해 … **259**
스타트업 벤처투자, 생활 투자자의 선택은? … **263**

제12장 **엔젤투자**

개인투자조합 … **266**
엔젤 클럽 … **272**
엔젤투자 매칭펀드 … **277**
엔젤투자 소득공제 … **281**

제13장 **생활투자**

투자 아이디어는 생활 속에 있다 … **286**
투자는 생활화 되어야 한다 … **289**

1장

투자를
바라보는 관점

투자 실패와 죽음의 상관관계

2009년 1월, 많은 언론들은 독일인 한 사람의 죽음을 대서특필했다. 그의 이름은 아돌프 메클레(1934~2009). 그는 독일 어느 마을 인근 철로에서 싸늘한 시신으로 발견되었고, 사인(死因)은 자살로 판명되었다. 그의 죽음이 주목 받았던 이유는 그가 독일에서 열손가락 안에 드는 부자였기 때문이다. 그가 죽기 바로 전 해인 2008년도 포브스지의 발표에 따르면, 메클레는 92억달러(약 10조원)를 보유한 독일 부호 순위 5위였고, 세계 부호 순위 94위의 억만장자였다.

그의 자살 이유는 무엇이었을까? 놀랍게도 '돈' 문제였다.

메클레는 할아버지로부터 화학제품 판매회사를 물려받았다. 그는 창업자는 아니지만이 회사를 거대 의약품 판매회사로 발전시켰다. 그리고나서 시멘트, 섬유, 소프트웨어, 오토바이 등으로 사업 영역을 확대했다. 직원 80명으로 시작한 그의 회사는 그가 죽기전까지 직원 10만명에 연 매출 36조원 이상을 기록하고 있었다.

그런데, 2008년도에 미국에서 촉발된 전세계적인 유동성 위기가 왔다. 그는 리먼사태로 명명되는 그 시기에 폴크스바겐 주식을 옵션 매매하다 1,200억원 이상 손실을 본 데다가 가족이 소유한 지주회사가 유동성 위기에 빠지면서 어려움을 겪기 시작했다.

언론 보도에 따르면, 그는 정부, 은행 등에 대출 보증 등 구제를 호소했지만 별다른 답변을 듣지 못했고, 이로 인해 우울증과 무기력감을 겪었으며 이것이 자살을 촉발한 원인이라고 발표했다.

이 사건을 다시 한번 되짚어보자. 그의 죽음에 대한 직접적인 원인이 '돈' 문제인가?

이 정도되는 큰 부자는 회사가 파산을 하더라도 먹고 사는 데는 큰 지장이 없다. 회사가 파산하더라도 계속해서 부유한 생활을 하며 살다가 죽을 수 있었을 것으로 추정된다. 그런데, 왜 그는 당시 75세의 고령에도 불구하고 자신의 생을 마감하는 극단적인 선택을 했을까?

그의 선택의 직접적인 원인은 단순하게 '돈' 문제라고만 볼 수는 없다. '투자 실패'에 따른 정신적인 충격이 심한 우울증을 낳게 했고, 그것이 결국 생을 비관하게 만들어 자살로 유도했던 것이다. 결국 자살의 직접적인 원인은 '돈'이 아니라 '병(病)'이고 그 병의 직접적인 원인은 '투자 실패'라고 볼 수 있다.

2015년 1월, 대한민국에서 어처구니 없는 사건이 발생했다. 명문사립대 경영학과 출신으로 외국계 회사 임원까지 지냈고, 서울 서초동에서 부인, 두 딸과 함께 행복한 가정을 꾸려왔던 강모씨(사건 당시 47세)가 아내와 두 딸을 살해하고 도주하다가 경찰에 체포된 사건이다.

그는 2012년 말 직장을 그만 두었고 재취업에 번번히 실패해 실직 기간이 길어졌다. 돈을 벌어 생계를 책임져야겠다는 다급한 마음에 본인 소유의 서초동 아파트를 담보로 5억원을 빌려 전업 주식투자를 시작했다. 그는 은행에서 차입한 돈으로 투자자금과 생활비를 충당하며 두 딸은 물론, 주변 사람들에게 실직 사실을 알리지 않았다.

그의 주식투자는 번번히 실패했고, 2억원 이상 손실을 보자 극도의 스트레스와 우울증에 시달렸다. 결국 그는 '동반 자살'이라는 어이없는 선택을 했고, 온 가족을 자기 손으로 죽이고 말았다.

이 사건의 원인은 무엇인가? 이 사건의 원인도 단순하게 '돈' 문제라고만 생각할 수 없다. 투자실패에 따른 불안감과 스트레스가 심한 우울증을 불러왔고, 이것이 결국 본인 뿐만 아니라 아무것도 모르는 가족들까지 죽게 하는 극단적인 선택을 하게 했다. 결국 자살의 직접적인 원인은 '병(病)'이고 그 병의 직접적인 원인은 '투자 실패'라고 보는 것이 논리적인 분석이다.

독일 부호의 죽음과 대한민국 강모씨의 사건. 두 사건의 공통점은 '투자 실패'가 원인이라는 것이다. 생각해 보자. '투자 실패'가 생을 포기해야 할 정도로 중요한 문제인가?

뒤집어서 생각해 보자. 당신이 어떤 투자를 하려고 한다. 그런데, 이 투자가 실패하면 당신은 죽임을 당하게 된다. 당신은 이 투자를 하겠는가?

이런 상황이라면, 투자를 할 수 있는 사람이 거의 없을 것이다. 투자의 결과가 죽고 사는 문제를 결정할 만큼 중요한 사항은 아니라는 이야기다. 그런데, 왜 '투자 실패'로 인해 생을 마감하는 사람들이 매년 발생하는 것일까?

왜 뒤집어야 하는가?

갖은 양념 고루 넣어
푸짐하게 버무려 놓고
한 판 가득 익어가네
지글지글 부침개야
양념간장 살짝 찍어
한입 넣고 씹을 적에
둘이 먹다 하나 죽어도
모르는 맛있는 부침개야
비는 주룩주룩주룩
부침개는 지글지글지글
비오는 날은 우리 음식
부침개가 최고야

〈'비 오는 날 부침개' 이복자 작사, 이성복 작곡〉

비 오는 날 먹는 부침개가 맛있다고 한다. 그 이유는 여러 가지 설이 있다. 비가 오면 기온이 내려가니까 인체 칼로리 소모가 많아져서 기름진 음식인 부침개가 생각나기 때문이라고도 하고, 빗소리와 부침개 부치는 소리가 비슷해서 비가 올 때 부침개 생각이 나기 때문이라고도 하고, 비 오는 날 부침개를 부치면 그 냄새가 널리 퍼져서 냄새를 맡은 사람들이 먹고 싶은 생각이 들기 때문이라고도 한다. 아무튼 부침개는 비 오는 날 막걸리나 소주와 함께 먹으면 제격이다.

부침개는 '한국의 피자'라고도 한다. 부침개의 생김새와 맛이 서양의 피자와 유사하기 때문일 것이다. 그런데, 부침개와 피자는 조리과정에서 분명한 차이가 있다. 피자는 뒤집지 않지만, 부침개는 뒤집는다.

피자는 화덕에 굽는 것이 정석이다. 하지만, 오븐이나 전자레인지에서도 구울 수 있고, 심지어 프라이팬(frypan)에서도 구울 수 있다. 부침개는 전통적으로 번철(燔鐵, 전을 부치거나 고기 따위를 볶을 때에 쓰는, 솥뚜껑처럼 생긴 무쇠 그릇)에 구웠지만, 가정에서는 주로 프라이팬(frypan)으로 굽는다. 동일한 프라이팬으로 피자와 부침개를 동시에 만들 수 있지만, 조리과정에서 피자는 뒤집지 않고, 부침개는 뒤집는다.

그 이유는 무엇인가? 피자는 양쪽 면이 동일하지 않다. 불이 직접 닿는 바닥 면은 도우(dough, 밀가루에 물, 우유, 다른 재료 등을 넣어 만든 된반죽)이고 불에 직접 닿지 않는 윗면은 치즈와 소스, 그리고 토핑(topping, 음식 위에 얹는 식재료)이다. 하지만, 피자와 비교하면 부침개는 도우와 토핑이 뒤섞여 있어서 구워 냈을 때 양쪽 면이 동일하다.

그렇다면, 조리과정에서 부침개는 왜 뒤집어야 하는가? 번철이나 프라이팬의 특성 상 부침개가 닿는 면에 열이 전달된다. 부침개가 닿지 않는 위쪽 면까지 익을 때까지 기다리면, 열이 전달되는 아래쪽 면이 타게 된다. 그래서 어쩔 수 없이 뒤집어야 하는 것이다.

성공적인 투자의 속성은 바로 이 부침개의 조리과정과 같다. 부침개가 성공적으로 조리되기 위해서 필수적으로 '불'과 만나야 하듯, 성공적인 투자도 기본적으로 '위험(Risk)'과 직면해 있다. 맛있는 부침개를 만들기 위해서 적절한 시기에 뒤집어 줘야 하듯이 성공적인 투자를 위해서는 적절한 시기에 액션(Action)을 취해 줘야 한다.

그런데, 적절한 시기에 부침개를 뒤집지 못했다고 가정해 보자. 부침개가 새까맣게 타서 못 먹을 지경이 되었다. 그렇다고 해서 밥을 굶을 필요는 없다. 새로 반죽을 떠서 부치던지, 반죽이 없으면 다른 것을 먹으면 된다. 투자도 마찬가지다. 적절한 시기에 액션을 하지 못해서 '손실'이 발생했다고 가정해 보자. 그렇다고 해서 우울증에 걸리거나 극단적인 선택을 할 필요는 없다. 그냥 '손실'을 인정하면 된다. 그리고 아무일 없었다는 듯이 새로운 투자를 하면 되는 것이다.

미칠 것 같아 기다림 내게 아직도 어려워
보이지 않는 니가 미웠어
참을 수밖에 내게 주어진 다른 길 없어
속삭여 불러보는 네 이름
어두운 바다를 떠돌아 다니는 부서진 조각배 위에 누윈 내 작은 몸
언젠가 그대가 날 아무말 없이 안아 주겠죠
그 품안에 아주 오래도록
나에게 지워진 시간의 무게가 견디기 힘이 들도록 쌓여간다 해도
언젠가 그대가 날 아무말 없이 안아 주겠죠
그댄 나를 아무말 없이 안아주겠죠
그 품안에 아주 오래도록

〈'기다림' 작사 작곡 : 이승렬〉

'고도를 기다리며'는 사무엘 베케트(1906~1989)의 대표적인 부조리극(제2차 세계대전 뒤 프랑스를 중심으로 일어난 연극 사조. 현대 인간의 존재와 삶의 문제들이 무질서하고 부조리하다는 것을 소재로 삼음)으로 베케

트는 이 작품을 희비극이라고 부른다. 이 희곡의 내용은 이렇다. 두 부랑자가 50년 동안이나 오지도 않는 '고도(고도는 사람의 이름이다)'를 계속 기다리고 있다. 이것을 통해 베케트는 인간의 삶을 단순한 '기다림'으로 정의를 내리고 이런 기다림 속에서 인간존재의 부조리성을 보여준다.

이 작품은 작가가 2차 대전 당시 겪은 피신 생활의 경험이 밑바탕 된 것으로, 그가 프랑스의 한 지역에 숨어 살면서 전쟁이 끝나기를 기다리던 자신의 상황을 인간의 삶 속에 내재된 일반적인 기다림으로 작품화한 것이다. 작품에서 '고도'라는 인물은 끝내 등장하지 않는다. 단지, 소년 전령을 통해 오늘은 못 오고 내일은 꼭 온다는 전갈만 보낼 뿐이다.

이 작품 '고도를 기다리며'는 대한민국에서 1969년 초연을 하였고, 이 후 극단 '산울림'의 대표작이 되었다. 이 연극에 등장하는 두 주인공들은 연극시간 내내 고도를 기다린다. 고도를 기다리는 동안 한 주인공은 계속해서 떠나자고 한다. 그럴 때마다 다른 주인공은 고도를 기다려야 한다고 말한다.

"우리 당장 목이나 매자"

떠나자고 한 주인공이 하는 대사이다. 고도를 기다리는 일이 힘겨운 그는 자살을 통해 현실의 고통을 벗어나려고 한다. 그는 또 이렇게 말한다.

"아무도 오지도, 가지도 않고, 아무 일도 일어나지 않고, 정말 끔찍해."

'성공 투자'의 관점에서 볼 때, '기다림'은 가장 중요한 요소이다. 무엇을 기다리든지 간에 기다리는 것은 쉽지 않다. 투자 후의 '기다림'도 마찬가지이다. 특히, '위험'이 큰 투자는 기다리는 것이 더욱 어렵다. 기다리는 시간을 잘 조절하는 사람이 '현명한 투자자'이다. 힘든 기다림을 극복한 투자자에게 큰 수익으로 보상이 주어지기도 하며, 기다리면 안 되는 것을 기다린 투자자에게 큰 손실의 교훈을 주기도 한다.

기다리는 기간은 '비용'이 수반된다. (이것을 '기회비용'이라고 한다.) 기다리는 시간이 길어지면, 그 길어진 시간에 비례하여 환경이 변화한다. 위험이 큰 투자는 그 환경이 더 빠르게 변화한다. 그래서 더 초조하고 불안하다.

현명한 투자자는 '부침개'가 잘 익을 때까지 기다릴 줄 알고 적절한 시기에 그것을 뒤집는다. 그리고 맛있게 먹는다. 하지만 성급한 투자자는 '부침개'가 잘 익을 때까지 기다리지 못한다. 설익은 부침개는 뒤집을 때 깨진다. 그리고 맛이 없다. 성급한 투자자는 그나마 먹을 수 있어서 다행이다. 아무 생각 없는 투자자는 부침개가 새까맣게 타 들어가도 모른다. 그래서 결국 먹을 수 없어서 버리게 된다.

'고도를 기다리며'의 두 주인공은 '아무 생각 없는 투자자'와 같다. 부침개가 새까맣게 타 버렸는데도 뒤집지 않고 있다. 그들은 늙어 죽을 때까지 '고도'를 기다린다. 하지만, 이 책을 읽는 독자들은 오지 않을 '고도'를 기다릴 필요가 없다. 오지 않는다는 것을 깨닫기 전에 뒤집으면 된다.

'고도'는 과연 오지 않는 것일까? 그렇지 않다. 현명한 투자자에게는 반드시 '고도'가 온다.

기다리면
고도가 올까?

어떤 것을 골라야 할까?

해마다 봄이 되면 충남 논산에서는 '딸기 축제'가 열린다. 이 축제에서는 공연, 콘서트 등 각종 문화행사, 시음회나 전시회 등 각종 홍보행사, 딸기 수확이나 딸기잼 만들기 등 각종 체험행사가 열린다. 봄이 제철과일인 딸기는 12월 중순부터 출하가 시작되어 2월~4월에 맛과 향이 최고조에 이른다. 천연 비타민C가 많이 함유된 딸기는 7알 정도 섭취하면 성인이 하루에 섭취해야 할 비타민C가 충족된다. 게다가 딸기의 붉은색 성분은 암 예방 뿐만 아니라 시력회복에도 효과가 좋다.

그렇다면, 딸기를 구입할 때 어떤 것을 구입해야 할까? 어떤 딸기가 좋은 딸기일까?

딸기 전문가에 따르면, ① 향이 진한 것 ② 꼭지가 마르지 않고 진한 푸른색을 띄는 것 ③ 전체가 빨간색 인 것 보다는 꼭지 아랫부분이 약간 하얀 것이 좋은 딸기라고 한다. 자, 그렇다면 이러한 기준을 가지고 좋은 딸기를 고를 수 있겠는가? 시력과 후각이 있는 사람이라면 당연히 고를 수 있다. 딸기의 생김새를 보고 냄새를 맡아보면 좋은 딸기의 기준에 부합한 딸기를 알 수 있기 때문이다.

　그렇다면, 투자는 어떨까? 투자처도 좋은 딸기를 고르듯이 고를 수 있을까?

　우선, '좋은 투자'의 기준은 무엇일까? ① 위험이 작은 투자 ② 수익이 큰 투자 ③ 투자기간이 짧은 투자 ④ 현금화가 쉬운 투자 이런 것들이 좋은 투자의 기준이라고 생각하는가? 일반적으로 위험이 작으면 수익이 작고, 투자기간이 짧으면 수익이 작고, 현금화가 용이할수록 수익이 작다. 투자 행위는 결국 위험, 시간, 수익을 조율하는 행위라고 볼 수 있으며, 이것은 딸기를 고르는 것과는 다르다. 그렇기 때문에 좋은 투자의 기준은 사람마다 다를 수 있다. 사람들의 성향이 제각각 이기 때문에 자기의 성향에 맞는 투자가 좋은 투자의 기준이 된다.

　그렇다면, 이러한 기준을 가지고 투자를 할 수 있겠는가? 여전히 어렵다. 일단 본인이 어떤 성향을 갖고 있는지도 모르겠고, 위험, 시간, 수익을 어떻게 조율해야 하는지 여전히 오리무중이기 때문이다. 이런 성향과 조율방법은 실제로 투자를 실행해 보지 않으면 전혀 감을 잡을 수가 없다. 결국, 실제로 투자를 해 봐야 한다.

　시중에는 많은 투자 이론서들이 있다. 하지만, 그 책들을 보고 투자를 한다고 해서 '성공 투자'를 할 수 있는 것은 아니다. 책에서 시키는 데로 했는데 성공한 경우는 우연히 본인의 성향에 맞는 책을 골랐거나 운이 좋았기 때문이다. 많은 사람들이 투자가 어렵다고 생각하는 이유는 바로 이 때문이다. 어떤 훌륭한 투자이론도 모든 사람들에게 성공을 가져다 줄 수는 없다. 나는 피곤해서 자야 하는데, 건강 하려면 밥을 먹어야 한다고 조언한다면 그것은 제대로 된 조언이 아닌 것과 같다.

어떤 투자를 해야 할까? 정답은 본인에게 맞는 투자를 해야 한다. 어떤 투자가 본인에게 맞는 투자인지는 실제로 투자를 해봐야 알 수 있다. 단순히 이론과 추측으로 알 수 있는 것이 아니다. 하지만, 투자를 하다 보면 그것을 찾는 것이 어렵지 않다는 것을 금방 알 수 있다.

어떤 것이 좋은 딸기?

투자는 놀이가 될 수 있을까?

2014년도에 SBS에서 방송했던 드라마 '유혹(권상우, 최지우 주연)'은 믿었던 선배에게 사기를 당하고 인생의 벼랑 끝에 서있던 남자주인공이 여자주인공으로부터 거부하기 어려운 제안을 받고 돌이킬 수 없는 선택을 한 후 벌어지는 이야기를 다루었다. 극 중에서 여자주인공이 남자주인공을 향해 이런 대사를 한다.

"어린 시절, 바닷가에서 모래성을 쌓는 아이들을 보면 곧 무너질 것을 왜 쌓고 있는지 이해할 수 없었어요."

모래성을 쌓는 아이들의 심리를 이해할 수 없는가? 당연히 이해할 수 있다. 이것은 '블록 쌓기 놀이'를 하는 아이들의 심리와 같다. 쌓고 나서 무너뜨리고 쌓고 나서 또 무너뜨려도 지치지 않는다. 그 이유는 무엇인가? 아이들은 그 '쌓는 과정'을 '놀이'로 즐기고 있다.

투자를 보는 관점에서 가장 중요한 것이 바로 이것이다. 투자를 생활 속에서 벌어지는 놀이의 한 부분이라고 생각해야 한다는 것이다. 실제로 투자는 마음먹기에 따라서 즐거운 놀이가 될 수도 있고 스릴 넘치는 게임이 될 수도 있다. 놀이나 게임에 목숨을 거는 사람들은 거의 없다.

투자의 과정을 단순하게 보면 '매수 – 보유 – 매도'의 싸이클이다. 아이들의 블록 쌓기 놀이와 비교해 보자. 매수는 블록 쌓기의 '모양 결정'에 해당된다. 아이들은 블록을 쌓기 전에 어떤 모양으로 쌓을 지를 마음속으로 결정한다. 투자를 하기 위해서는 어떤 것을 얼마만큼 투자할지 투자의사결정을 해야 한다.

보유는 블록 쌓기의 '쌓는 과정'에 해당된다. 아이들은 블록을 쌓을 때 집중하고 고민한다. 그 자체가 놀이다. 투자에 있어서도 보유하고 있는 기간 동안 많은 고민이 발생한다. 의외로 보유 과정에서 하는 고민이 투자의사결정 이전에 하는 고민보다 훨씬 크다. 이 과정에서 발생하는 스트레스 때문에 투자를 포기하는 사람들이 많다. 하지만, 스트레스를 받을 필요는 전혀 없다. 블록을 쌓는 아이들 처럼 투자를 바라보라. 보유 하는 동안 발생하는 감정의 기복은 그 자체가 놀이라고 생각하면 된다.

매도는 블록 쌓기의 '허무는 과정'에 해당된다. 투자 목적으로 매수하는 것은 영원히 보유하기 위해서가 아니다. 투자자가 적당하다고 생각하는 시기에 매도하기 위해서이다. 아이들이 열심히 쌓은 블록을 쿨(cool)하게 허물어 버리는 것처럼, 쿨하게 매도하면 된다. 아이들은 자기가 쌓아놓은 블록에 대해서 큰 집착을 하지 않는다. 새롭게 다른 모양의 블록을 쌓을 수 있기 때문이다. 우리도 그렇게 생각하자. 쿨하게 매도하고 새로운 투자를 하면 된다.

아이들이 블록을 쌓고 나서 블록을 허물어 버렸을 때, 결과물이 눈에서 사라졌기 때문에 남는 것이 없다고 생각하는가? 그렇지 않다. 이 과정을 반복하면서 아이들은 창의력이 높아지고, 두뇌가 발달하게 된다. 투자를 하고 매도를 한 후, 손실을 보았다고 가정해보자. 그렇다고 해서 남는 것이 없다고 생각하는가? 그렇지 않다. 투자 손실의 경험은 '성공 투자'에 있어서 꼭 필요한 경험이다. '손실'의 경험 없이 성공만 하는 것이 오히려 위험할 수 있다.

2장부터 12장까지는 상장주식, 금융상품, 채권, 비상장주식, 벤처투자에 이르기까지 투자를 생활 속에서 실천하는데 필요한 필수 지식을 알기 쉽게 전달하고자 한다. 물론, 모든 종류의 투자를 다 할 필요는 없다. 본인에게 맞는 것을 취사선택하여 생활 속에서 즐겁게 투자하면 된다. 자, 이제 투자의 바다에 뛰어들기 위한 지식을 습득할 준비가 되었는가?

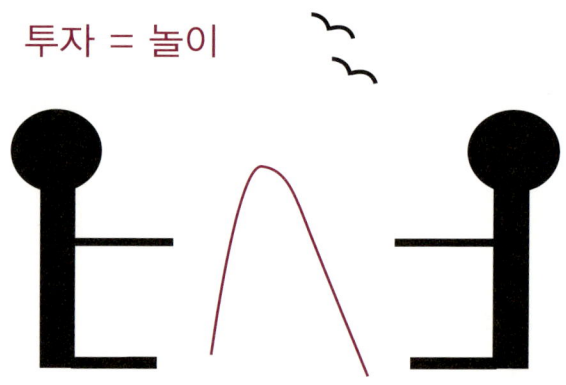

2장

상장주식
투자

2000년도에 방송된 KBS 드라마 '가을동화(감독 : 윤석호, 작가 : 오수연, 주연 : 송승헌, 송혜교, 원빈)'는 극중 은서와 준서남매의 비극적인 이야기를 다룬 미니시리즈이다. 방영당시 40%가 넘는 높은 시청률을 기록했고, 시트콤(순풍산부인과) 배우로의 이미지가 강했던 송혜교와 잘생긴 외모의 신인배우 원빈을 단숨에 한류스타로 만들어 준 작품이다.

  이 드라마의 명대사로 지금까지 회자되고 있는 것은 극 중 태석(원빈)의 대사이다.

"얼마면 돼? 얼마면 되냐고? 그깟 사랑 내가 돈 주고 사겠어. 얼마야?"

상장주식에 투자하기 위해서는 얼마면 될까? 상장주식에 투자하기 위해서는 많은 돈이 필요하다고 오해하는 사람들이 있다. 일반인이 매매할 수 있는 상장주식은 약 2천가지 종류가 있으며, 이 주식들의 가격은 매우 다양하다. (2015년 4월 10일 기준으로 Kospi 888개 종목, Kosdaq 1,068개 종목이 있음)

    2015년 4월 10일 종가 기준으로 '울트라건설' 1주의 가격은 90원이었다. (울트라건설은 상장폐지가 확정되어 2015년 4월 10일은 정리매매 기간이었다.) 주식 매수를 위해 증권사에 지불해야 하는 수수료는 '주식가격의 최고 0.5%'이다. 따라서, 2015년 4월 10일 종가에 울트라건설 1주를 매수하기 위해서는 90.45원만 지불하면 되었다. (울트라건설 1주의 가격 90원 + 최고가 수수료 0.45원) 울트라건설 주식 1주를 매수하기 위해 지불해야 되는 돈은 100원도 채 되지 않는다.

    물론, 1주의 가격이 비싼 주식도 있다. 동일하게 2015년 4월 10일 기준으로 '아모레퍼시픽' 1주의 가격은 3,553,000원이었다. 따라서, 이 주식 1주를 매수하기 위해서 증권사에 지불해야 하는 수수료는 최고 17,765원이고, 아모레퍼시픽 1주를 매수하기 위해 지불해야 하는 총액은 3,570,765원 이었다.

    결국, 상장주식 투자는 돈의 많고 적음은 크게 문제가 되지 않는다. 본인의 상황에 맞게, 또는 본인의 성향에 맞게 투자를 하면 되는 것이다. 여유자금이 많은 사업가의 자금운용 방법이 될 수도 있고, 대학생들이 용돈의 일부를 떼어 투자할 수도 있다. 심지어 초등학생도 설날 세뱃돈으로도 투자할 수 있는 것이 상장주식이다.

사랑은 대체
얼마면 돼?

어느 정도 비중으로 투자할까?

　　　　　　제약업계는 2012년 4월, 정부의약가인하 조치 단행으로 경영에 큰 타격을 받았다. 게다가, 국민건강보험법 시행령 개정으로 인한 변화의 바람과 더불어 글로벌 경제 침체와 원부자재 가격상승 등 외부의 악재까지 겹쳐 어려움을 겪자 이러한 위기상황을 타개하기 위한 방안을 마련했다. 사업의 비중을 제약에만 치중하는 것이 아니라 화장품, 식음료, 유통, 건기식 등 다양한 영역으로 '비중 확대'한 것이다.

　중견 제약회사인 광동제약은 2013년 4,684억 원의 매출액을 기록, 2012년 대비 41%의 높은 성장세를 기록하였으며, 2014년에는 5,223억원의 매출액으로 실적호전세를 이어갔다. 2012년말 종가기준으로 6,040원이었던 이 회사의 주가는 2015년 4월 10일 종가기준으로 15,000원으로 상승하여 1년3개월간 상승률이 150%에 달했다.

　이 회사는 제주개발공사로부터 '삼다수'의 판권을 인수하여 2012년 말부터 판매를 시작했고, 스테디셀러로 자리잡은 비타500, 옥수수염차, 헛개차 등 건강음료 분야로의 비중을 확대했다. 광동제약에서 삼다수와 건강음료의 매출은 2014년도부터 이미 제약 매출을 넘어섰다. 이처럼 경영전략 상 어떤 사업에 비중을 두느냐에 따라서 회사의 성장을 좌우하기도 한다.

기업의 사업도 비중을 어떻게 두느냐가 중요하듯, 개인이 하는 투자도 비중에 대한 관리가 무척 중요하다. 그렇다면, 상장주식 투자에 본인이 갖고 있는 자산의 몇 퍼센트를 사용하는 것이 적당한 수준일까? 여기에는 절대적인 기준은 없다. 상장주식 투자를 좋아하고 공격적인 성향을 가진 사람은 본인이 가진 자산에서 상장주식 투자의 비중이 높을 것이고, 그 반대의 경우에는 그 비중이 매우 낮거나 없을 것이다.

앞서 1장에서 '투자는 생활 속에서 놀이가 되어야 한다'고 주장한 바 있다. 이렇게 되기 위해서는 상장주식 투자에 대한 비중을 어떻게 가져가야 할까? '놀이' 같은 투자를 하려면 상장주식 투자를 위해 차입을 해서도 안되고, 손실이 발생했을 경우 생활에 타격을 줄 만큼 높은 비중으로 투자해서도 안 된다. '상장주식 투자'는 하루에도 60%의 변동성(2015년 6월부터 상하한가 비율이 +-30%로 변동 시행됨)을 가진 '위험'이 동반되기 때문에 '주가 상승'에만 관심의 초점을 맞추어서는 안 된다. '주가 하락'의 가능성에 대한 비중을 더 많이 염두해 두어야 한다.

따라서, '놀이' 같은 투자에 적절한 상장주식 투자의 비중은 '100% 손실을 보더라도 생활에 지장을 주지 않는 여유자금의 범위' 내로 한정하는 것이 좋다. 1장에서 투자 행위는 결국 위험, 시간, 수익을 조율하는 행위라고 언급한 바 있다. 위험이 높은 자산의 비중을 여유자금의 범위 내로 한정하는 것은 '위험과 시간을 조율'하는 데에 매우 효과적이다. 투자금을 날리더라도 생활에 지장을 주지 않는다는 '여유'를 갖고 있어야 매수, 매도의 적절한 시점을 파악하기에 용이하다. '투자 실패'의 가장 중요한 요인 중의 하나로 손 꼽히는 것이 '투자자의 조급함'이기 때문이다.

어느 정도
비중이
적당할까?

증권계좌 개설이 어려워?

상장주식을 매매하기 위해서는 우선 증권사의 본인 명의 계좌를 가지고 있어야 한다. 증권사 계좌를 개설하는 것은 은행 계좌를 개설하는 것 만큼 쉽다. 모든 증권사 지점에 가면 창구에 있는 직원들이 친절하게 안내해주고, 계좌개설을 도와준다. 증권사 지점을 찾기 어렵다면, 본인 거래 은행에 가도 된다. 은행에서도 증권사와 연계하여 증권계좌를 발급해 주고 있다. (따라서, 이 책에서는 증권사 위탁계좌 개설 과정을 별도로 설명하지는 않는다.)

그럼에도 불구하고 증권사 계좌가 없는 많은 사람들이 있다. 그 이유는 계좌 개설 절차가 까다롭기 때문이 아니고, 증권사 거래에 대한 '심리적인 장벽'이 있기 때문이다. 은행 거래에만 익숙한 사람들은 증권사가 매우 위험한 곳으로 간주하는 경향이 있다. 은행은 망하지 않지만, 증권사는 망할 수 있다는 인식 때문이다. 만약, 증권사가 망한다면, 본인이 맡긴 예탁금이나 주식은 본인 의도와 상관없이 날려먹을 위험이 있다고 판단하는 것이다. 이 것은 '무지'에서 비롯된 오해에 불과하다.

증권사 고객들은 증권사에서 위탁계좌를 개설하고 주식을 매수하기 위해서 위탁계좌에 돈을 송금한다. 이 돈을 '고객 예탁금'이라고 한다. 이 예탁금은 거래 증권사에서 관리하는 것이 아니고 전액 '한국증권금융'이라는 기관으로 예치된다. 한국증권금융은 고객 예탁금을 안전하게 관리하기 위해 만들어진 기관이다. 즉, 거래증권사가 망하더라도 고객이 맡긴 예탁금은 한국증권금융이 관리하고 있기 때문에 안전하다.

고객이 그 예탁금으로 상장주식을 샀을 경우도 마찬가지이다. 거래 증권사 계좌에 본인이 산 주식이 들어있기 때문에 '거래 증권사가 망해버리면 이 주식을 어떻게 찾을까?' 하는 생각을 할 수가 있다. 하지만, 이것도 '무지'에서 비롯된 오해이다. 거래 증권사를 통해 상장주식을 매수하면, 절차를 거쳐 매수한 주권이 매수자의 명의로 명의개서 된다. (名義改書 : 권리자의 변경에 따라 장부 또는 증권의 명의인의 표시를 고쳐 쓰는 것) 명의개서 된 주식의 주권은 거래 증권사가 보관하는 것이 아니라 '증권예탁원'에서 별도로 안전하게 보관하고 있다. 결국, 거래 증권사가 망하더라도 고객이 매수하여 보유하고 있는 주식의 주권은 증권예탁원에 안전하게 보관되어 있으므로 예탁원에서 언제든지 찾을 수가 있다.

어떤 주식을 살까?

        2014년 8월, 편의점 쇼핑을 즐기는 '나 홀로 족' 안씨는 편의점에서 어떤 과자를 구입해서 먹어보았다.(이 과자의 이름은 '허니버터칩'이다) 이 과자는 출시하기도 전에 SNS에서 주목할 만한 상품으로 입소문을 탔고, 안씨가 먹어보니 본인 입맛에 맞아서 꾸준히 재구매를 하였다.

  2014년 10월, 안씨가 이 과자를 구입하기 위해 편의점에 갔는데, 이 과자가 품절이 되어 구입하지 못했고, 그 다음날도, 그 다음날도 구입하지 못했다. 답답한 마음에 편의점 직원에게 항의를 했더니, 편의점 직원의 말에 따르면 이 과자가 매우 인기가 많아서 물건 받기도 어렵거니와 물건이 들어오면 한시간 만에 다 팔려버린다고 하는 것이었다.

    '요즘 과자류는 종류도 많고, 대체할 상품이 무궁무진 한데, 돈을 준다고 하는데도 못 사는 과자가 있다? 그렇다면, 이 과자를 만든 회사의 매출과 이익이 증가할 것이고 주가도 상승하지 않

2장 상장주식 투자

을까?'

그녀는 본격적으로 이 과자에 대해서 인터넷으로 조사했다. 이 과자는 H사의 제품인데, H사는 상장사였다가 경영이 악화되면서 오래 전에 상장폐지 되었고, C제과 그룹계열로 인수된 상태였다. C제과는 Kospi(Korea Composite Stock Price Index 종합주가지수)에 속한 상장사이고, 이 회사의 주가는 2014년에 들어와서 지속적으로 하락한 상황이었다.

그녀가 C제과의 주식에 대한 매수를 고민하던 2014년 10월에는 이 회사의 '웨하스 과자' 제품에서 식중독 균이 검출되어 주가가 연중 최저치를 기록하고 있는 상황이었고, 편의점에서 인기 있었던 과자는 C제과의 제품이 아니라 C제과가 지분 85%를 보유하고 있는

자회사 H제과의 제품이었다. 하지만, 그녀는 C제과의 주식을 매수하기로 결정했고, 2014년 10월 중순쯤 1주당 195,000원에 50주를 매입했다. (매수 총액은 증권사 수수료 포함하여 약 980만원)

그녀가 C제과의 주식을 매수하기로 결정한 판단 근거는 다음과 같다.

① C제과의 식중독 균 관련 악재는 식품회사라면 가끔 일어나는 일이고, 이 부분에 대해서는 이미 주가에 반영되었다고 판단했고,
② 본인이 체감할 정도로 이 과자가 선풍적인 인기를 끌고 있다면, 이 부분이 곧 주가에 반영될 것이고, 사람들이 비상장사인 H제과 주식을 매수하는 것은 어렵기 때문에 상장사인 C회사의 주가가 상승할 가능성이 있다고 생각했기 때문이다.

2014년 11월초에 H제과는 보도자료를 공시했다. 출시한지 100일이 채 되지 않은 허니버터칩이 월 매출 50억원을 돌파한 것이다. 매월 다양한 제품이 출시되고 있는 국내 식품시장에서 신제품의 경우 월 매출이 10억원만 넘겨도 '히트상품'으로 꼽히는 상황이었고, 허니버터칩의 월매출 50억원 달성은 놀라운 기록이었다. 모든 언론사는 이 소식을 기사화 했고, 허니버터칩의 인기는 더욱더 높아졌다.

안씨의 예상대로 언론에서 허니버터칩에 대한 기사가 나온 시점 (종가기준 185,000원)부터 18일만에 C제과의 주가는 52%가 상승했다. (종가기준 283,000원) 그녀는 본인의 생활 속에서 발생한 의문점을 그

냥 지나치지 않고, 그것을 자신의 투자종목으로 연결시켰다.

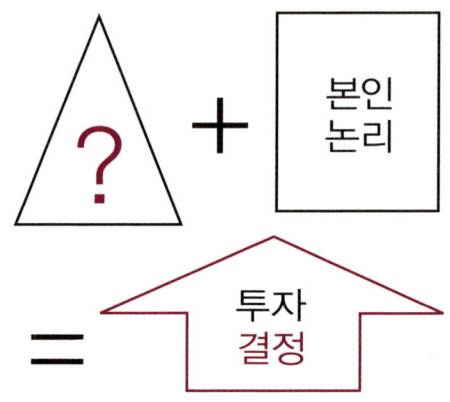

언제 매도 해야 할까?

상장주식 투자를 하는 사람들 사이에서 '매수는 기술, 매도는 예술' 이라는 말이 있다. 매수도 어렵지만, 매도는 매수보다 더 어려운 분야라는 말이다. 매도 의사결정을 잘 하지 못하는 사람은 절대 단기매매를 해서는 안 된다. 실제로 매수시점은 잘 포착하였으나, 매도 기회가 왔을 때, 매도를 잘 하지 못하여 손실을 보는 투자자들이 많이 있기 때문이다.

상장주식 투자를 할 때는 매수하는 주식마다 각각 목표수익률을 정해 놓고, 목표수익에 도달 했을 때는 과감하게 매도하는 태도가 중요하다. 안씨는 C제과 주식을 매수할 때, 목표수익률을 20%로 설정했다. 그렇게 판단한 이유는 다음과 같다.

① 사람들의 기호는 제각각이고, 허니버터칩의 인기가 일시적일 수도 있기 때문에 이 부분이 주가에 반영되어 주가가 상승할 때, 매도하는 것이 바람직할 수 있고,

② 허니버터칩의 독창성은 짭잘한 맛과 달콤한 맛의 융합에 있

다. 그녀는 이것을 구현하는 기술이 그렇게 특별하다고 보지 않았다. 다른 제과사에서 이런 컨셉으로 더 맛있는 제품을 출시하게 되면 현재의 인기는 사그러들 가능성이 있기 때문에 장기적인 보유는 바람직하지 않다고 판단했다.

그녀는 C제과에 투자한지 한달 만에 자신이 설정한 목표수익률 20%에 도달하자 미련없이 매도했다. 그녀는 약 980만원을 투자하여 세금과 수수료를 제외하고 한달 만에 약 194만원의 수익을 거두었다. 한달 만에 20%의 수익을 거두었기 때문에 이것을 연수익률로 환산하게 되면 240%의 매우 높은 수익률이 된다.

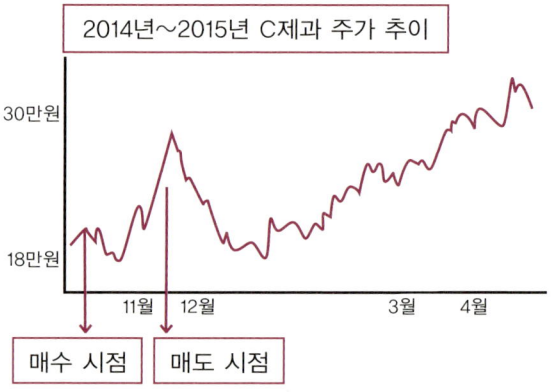

물론, 매도시점이 며칠만 늦었어도 더 높은 수익을 거둘 수가 있었다. 하지만, 계속 오를 것으로 생각하여 계속 보유하고 있었다면 매도시점을 놓쳐서 보유기간이 장기화 될 가능성이 있었다. C제과의 주가는 2014년 11월 24일에 292,000원을 단기 고점으로 하여 그 다음달인 12월말에는 그녀가 매수했던 195,000원 밑으로 하락했기 때문이다. (2014년 12월 30일 거래 마지막날 종가는 189,500원 이었다)

위의 그림에서와 같이 C제과의 주가는 허니버터칩에 대한 언론의 대대적인 노출이 있었던 2014년 11월초부터 2014년말까지 급격하게 변동했다. 안씨가 C제과의 주식을 매수하고 나서 주가가 바로 상승한 것은 아니었다. 그녀가 주식을 매수하고 나서 곧바로 주가는 하락했으며, 이것은 실제로 주식을 최저가에서 매수하기는 어렵다는 것을 보여준다.

허니버터칩에 대한 언론의 대대적인 노출 이후, 주가는 급등했는데, 안씨는 C제과의 주가가 자신의 목표수익에 도달 하자마자 매도하여 주식투자 한달 만에 20%의 수익을 확정했다. 하지만, 그녀의 매도 직후에도 주가는 급등했다. 만약, 그녀가 매도를 며칠만 더 참았더라면 20%가 아니라 거의 50%의 수익을 거두었을 것으로 보인다. 과연 그럴까?

안씨가 자신의 목표수익률에 도달하였을 때, 매도하지 않고 참았다고 하더라도 그녀는 단기 최고가인 292,000원에 매도하지 못했을 것이다. 주식을 최저가에서 사기 어려운 것처럼 주식을 최고가에 팔기란 매우 어렵다. 주가가 최고가에 도달하는 순간에는 더 오를 것만 같은 착시현상을 가져온다. 그런 상황에서 매도하는 것은 심리적으로 매우 어렵다. 게다가 정점을 찍고 하락할 때는 순식간에 하락한다. 투자심리 상 최고가에 대한 미련을 갖게 되며 이것은 주가가 하락세로 돌아섰음에도 불구하고 매도를 결정하지 못하게 한다.

실제로 2014년 11월에 C제과 주가가 정점을 찍고 하락하는 시점에서 C제과는 아무런 악재가 없었으며, 허니버터칩은 여전히 잘 팔리고 있었다. 만약, 안씨가 주식을 매도하지 않고 계속 보유하고 있었다면, 단기적인 주가조정으로 생각할 가능성이 높다. 이런 생각을 하는 사이에 주가는 계속 하락을 하고 허니버터칩에 대한 이런저런 논란으로 인해 C제과의 주가는 결국 그녀의 매수단가 근처까지 하락하게 된다.

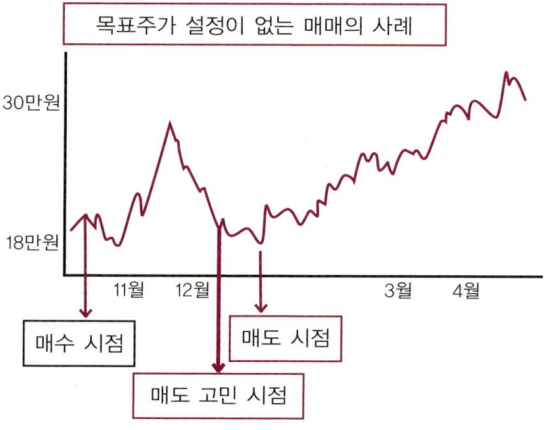

이 지점까지 오면, 그녀는 주가가 추가로 하락하여 손실을 보기 전에 매도할 것인지, 아니면 좀 더 버틸 것이지 많은 고민을 하게 된다. 주식 매매에 대한 대응을 신속하게 하는 사람은 손실을 보기 전에 매도를 하겠지만, 주식투자 경험이 많지 않은 대부분은 본인이

매도를 할 수 있었음에도 불구하고 하지 못했던 과거의 주가를 생각하기 때문에 그대로 보유한다. 결국, 주가는 안씨의 매수단가 이하로 떨어지고, 그녀는 추가적인 손실을 두려워한 나머지 손절매를 하게 될 가능성이 높다.

여기서 한가지 의문이 들 수도 있다. 그림과 같이 C제과의 주가추이를 보니, 매도하지 않고 몇 달간 계속 보유했다면, 2015년 4월에 30만원이 넘는 가격에 매도가 가능하지 않았을까? 하는 점이다. 하지만, 이것은 상장주식 투자에 경험이 없는 사람들의 단순한 생각이다.

안씨는 허니버터칩 때문에 C제과의 주식을 매입하기로 결정한 것이었다. 이런 상황이라면, 허니버터칩과 C제과의 주가를 연동해서 보게 되며, 이 주식에 대한 매매 의사결정도 이것과 관련해서 하게 되는 것이다.

만약, 매수한 이후에 주가의 변동에 심리적으로 흔들리지 않고 C제과의 주가가 30만원을 돌파할 때까지 보유한 사람은 허니버터칩 때문에 C제과의 주식을 샀다기 보다는 C제과의 장기전망을 보고 주식을 매수했기 때문에 보유할 수 있었던 것이다.

이것을 좀 더 쉽게 설명해 보겠다. 1998년도 외환위기 때 삼성전자의 주가는 1주당 3만원에 불과했다. 2012년 12월에 삼성전자의 주가는 153만원을 돌파했다. 1998년도에 삼성전자를 주당 3만원에 사서 15년을 보유했다면 투자원금의 50배를 회수할 수 있는 기회가 있었다. 1천만원을 투자했다면, 15년 보유하고 5억원이 되는 것이다. 그러나, 이런 매매를 한 사람은 거의 없다.

상장주식 투자는 투자의사결정에 대해서 투자자가 생각하는 이유와 논리가 있으며, 그 이유와 논리에 따라서 주가를 바라보는 특성이 있기 때문에 주식의 매매시점은 그 부분과 연동된다. 이것이 상장주식 투자에 대한 투자자의 속성이다. 삼성전자의 주가가 15년 만에 50배가 오를 것을 미리 알았다면, 너도나도 삼성전자를 1998년도에 3만원에 매수했을 것이고 모두 부자가 됐을 것이다. 하지만, 사람은 미래를 정확하게는 알 수 없다는 것이 진리이고, 이것을 늘 염두 해 두어야 하는 것이 주식투자에 있어서 매우 중요한 포인트다.

이제 결론으로 가보자. 상장주식을 투자하고 나서 언제 매도하는 것이 좋을까? 투자할 때, 목표가격을 설정해 놓고 그 목표주가에 도달하게 되면 미련없이 매도하는 것이 가장 좋다. 상장주식 투자에 있어서 투자할 종목이 C제과만 있는 것이 아니다. 상장주식 매매에 있어서 중요한 것은 매매 시에 수익을 내느냐 못내느냐 이지, 수익을 얼마나 내느냐가 아니다. 주가의 방향성은 양방향이기 때문에 수익이 아니라 손실이 날 가능성도 매우 높기 때문이다.

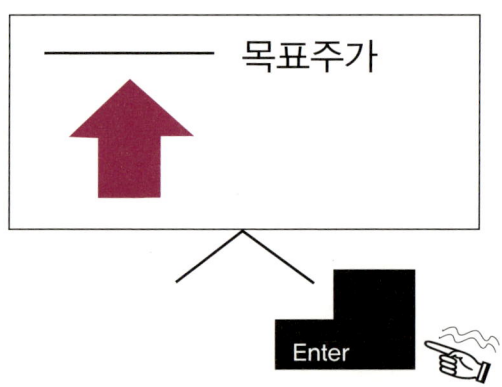

기술적 분석은 필수인가?

'기술적 분석 못하면 절대 주식투자 하지 마라 (저자 잭슈웨거, 역자 고영술, 청림출판, 2002년 1월, 원제 Getting started in technical analysis)'라는 책이 있다. 이 책은 기술적 분석의 주요 개념과 트레이딩 관련 소프트웨어와 시스템을 이해시키기 위한 이론서이다. 재미있는 것은 이 책의 원 제목은 Getting started in technical analysis 인데, 한국어판 제목이 '기술적 분석 못하면 절대 주식투자 하지 마라'로 되어 있다.

상장주식 투자에 있어서 '기술적 분석'을 절대적인 것으로 생각하는 사람들이 있다. 물론, 기술적 분석이라는 것이 과거의 데이터를 기초로 하여 매매시점을 포착하는 방법이기 때문에 의미가 없는 것은 아니다. 우리가 시험공부를 할 때도 '기출 문제'를 분석하는 것처럼 기술적 분석도 참조해야 할 부분임은 분명하다. 하지만, 기술적 분석만으로 모든 투자 의사결정을 하는 것은 바람직하지 않다.

기술적 분석이 무엇인지 모르는 독자들을 위해 기술적 분석과 기본적 분석의 차이점에 대해서 살펴보자. 상장주식 투자의 의사결정에 가장 큰 영향을 주는 요인은 '미래 주가의 예측'이다. 투자자가 특정 주식에 투자하는 이유는 그 주식의 가격이 투자한 이후에 상승할 것이라고 예측하기 때문이다. 그 예측은 100% 맞는 예측일까?

오랫동안 많은 사람들이 미래의 주식가격을 예측하기 위한 모형을 연구해 왔다. 100% 정확한 모형을 만든다면, 그 모형을 가지고 부자가 되지 않을 사람은 없을 것이다. 하지만, 100% 완벽한 모형은 없다. 오랜 연구를 통해 학계에서도 주식시장에서 주식 가격의 예측은 불가능하다는 결론에 이르렀다. (이것을 뒷받침하는 대표적인 이론에는 '효율적 시장가설'과 '랜덤워크 가설'이 있다.) 그럼에도 불구하고, 투자자들은 투자를 하기 위해서 가격에 대한 예측을 해야 한다. 주가를 예측하는데 쓰이는 방법에는 크게 두 가지가 있다.

첫 번째는 기본적 분석이다. 기본적 분석은 주가에 대한 결정요인을 회사의 가치를 가지고 판단한다. 기본적으로 주식은 회사를 소유하고 있는 지분이기 때문에 회사의 사업전망에 따라 주가가 변동한다고 판단하는 것이다. 향후 수익성이 높은데, 주가가 상대적으로 낮다면 투자자들은 이 주식에 대해서 매수 의사결정을 한다. 앞서 '허니버터칩'의 폭발적인 인기로 인해 C제과의 주가가 상승한 것은 기본적 분석에 근거한 사례이다.

두 번째는 기술적 분석이다. 기술적 분석은 '차트 분석'이라고도 하며 주식의 가격 그 자체에만 관심을 갖는다. 가격이 움직이는 원인에는 관심이 없다. 과거와 현재의 주가의 움직임에 따라 미래의 가격이 어떻게 움직일지 몇 가지 가정에 의해 예측하는 것이다. 기술적 분석에는 회사의 사업전망 같은 이론적 뒷받침이 거의 없으며, 분석의 유효성은 과거의 시장경험에 의존한다.

"차트는 잘못이 없으며, 모든 것은 차트 분석가의 잘못이다."

　미국의 금융중심지 뉴욕 월가(Wall Street)의 증시격언이다. 차트는 주가 예측의 유용한 도구가 되기도 하지만, 만능은 아니며 차트에 지나치게 의존하면 실패할 확률이 높아진다. 기본적 분석을 하고 난 후 차트를 보조적으로 활용해야지 기술적 분석만으로 주가를 예측하다가 실패를 하게 되면, 그 실패의 원인은 차트에 있는 것이 아니라 차트만으로 모든 것을 판단한 차트 분석가에게 있다는 의미이다.
　이 책은 '생활 투자'를 투자 철학으로 추구하고 있다. '생활 투자'의 의미는 '투자를 해서 꼭 성공해야 한다는 강박관념'에 얽매이지 말고 생활 속에서 즐겁게 투자를 하다 보면 좋은 결과가 나온다는 것이다. 생활 속에서 즐겁게 상장주식을 투자 한다고 하면, '기본적 분석'만 가지고도 충분하다. 시시각각 변하는 복잡한 차트를 보면서 스트레스를 받는다면, 그것은 이 책의 의미와는 부합하지 않는다.
　물론, 기술적 분석의 유용성 자체를 부정하려는 것은 절대 아니다. 기술적 분석은 미래의 가격을 예측하는데 쓸 수 있는 훌륭한 도구이다. 투자를 전문적으로 하기 위해서는 기술적 분석에 대해서도 많은 공부를 할 필요성이 있다. 하지만, 생활 투자를 하는 사람은 기본적 분석 만으로도 충분하다는 것이다.
　생활 투자의 중요한 원리는 생활 속에서 투자 기회가 있을 때만 투자를 하라는 것이다. 앞에서 C제과를 투자한 안씨가 C제과에 투자를 하게 된 이유가 생활 속에서 '허니버터칩'이 잘 팔리는 것을 보고 투자를 생각하게 된 것처럼 말이다. 생활 투자를 하는 사람들에게 투자대상이 상장주식만 있는 것이 아니다. 금융상품도 있고, 채권도 있고, 비상장주식도 있다. 생활 속에서 투자할 수 있는 대상은 너무나 다양하다. 그리고 생활 속에서 기회는 계속 발생한다.

3장

금융상품
투자

　　　　　미국의 유명한 투자자라고 하면 2015년 블룸버그 발표 기준으로 세계 부호 1위인 빌게이츠에 이어 세계에서 두 번째로 돈이 많은 인물인 워렌버핏(Warren Buffett, 1930년생)이 떠오를 것이다. 하지만, 미국에는 워렌버핏 외에도 괄목할 만한 업적을 남긴 투자자가 많다. '글로벌 펀드'라는 새로운 분야를 개척하여 전세계로 펀드의 규모를 확장시켰으며, '월스트리트의 살아 있는 전설', '영적인 투자가' 등의 별칭으로 불린 인물이 있다. 그는 프린스턴신학교 이사와 학장을 역임하기도 하였고, 1972년에는 종교계의 노벨상으로 불리는 템플턴상을 제정하였다. '존 템플턴 재단'을 설립하고 봉사활동에도 힘써 영국 여왕으로부터 기사 작위를 받기도 한 이 인물의 이름은 존 템플턴(John Templeton, 1912~2008)이다.

　　　　그가 '복리의 힘'에 대해서 설명한 사례는 매우 유명하다.

　　　"인디언들은 1626년도에 단돈 24달러만을 받고 뉴욕의 중심지 맨하튼을 미국 이주민들에게 넘겼습니다. 얼핏 들으면 인디언들이 매우 헐값에 맨하튼을 넘겼다고 생각되겠지만, 그들이 24달러를 년 복리 8%로만 운영했다면, 지금 맨하튼은 물론 로스앤젤리스까지 사고도 돈이 남았을 것입니다."

24달러에 매년 이자가 8%씩 지급되고, 불어난 이자에 또 이자가 지급되는 복리로 계산하면 379년이 지난 2015년도에는 약 110조달러(약 12경1천조원)라는 천문학적 금액이 된다. 역사상 가장 위대한 과학자로 불리는 알버트 아인슈타인(Albert Einstein, 1879~1955)은 '복리야말로 인간의 가장 위대한 발명'이고 '세계 7대 불가사의'에 이어 '세계 8대 불가사의' 라고 말했다.

생활 투자는 바로 이 '복리의 힘'이 투자의 기본 방향성이 된다. 생활 투자에서 말하는 투자는 생활 속에서 투자처를 발견하여 투자를 하는 방식이기 때문에 투자처가 1년동안에도 여러 곳이 될 수 있다. 첫 번째 투자처에서 투자수익을 거두었을 경우, 두 번째 투자처의 원금은 '첫 번째 투자처의 원금에 첫 번째 투자처에서 발생한 수익을 합한 금액'이 된다. 이러한 복리의 개념은 세 번째와 네 번째 투자처에서도 적용된다.

안씨가 여유자금 1천만원을 은행에 1년짜리 정기예금에 넣는다고 가정해보자. 2015년 4월 기준으로 시중 은행의 1년만기 정기예금을 비교해 보면, 시중 은행 중에 가장 높은 이자를 주는 곳은 H은행과 J은행으로 세 전 수익률 2.5%이다. 1년 만기 후에 안씨가 은행으로부터 수령하는 돈은 원금 1천만원에 세금 15.4%를 공제한 세 후 이자 211,500원으로 합계 10,211,500원을 받는다.

이와 비교하여, 안씨가 생활 투자로 1년 동안 다양한 투자처에 투자하여 모두 수익을 거두었다고 가정해보자. 그녀의 1년간 투자활동은 다음과 같다. 먼저, 상장주식 투자로 1개월간 10%의 수익을 거두고, 이 돈을 모두 채권에 투자하여 3개월간 1%의 수익을 올리고, 이 돈을 모두 증권사 CMA(Cash Management Account)에 3개월간 예치하여 0.4%를 받고, 다시 상장주식 투자로 1개월간 10%의 수익을 거두고, 그 후 다시 3개월간 증권사 CMA에 예치하여 0.4%를 받고, 1개월의 상장주식 배당투자를 통해 2.5%의 수익을 거두었다. 이렇게 되면, 안씨는 1년간의 생활 투자로 최초 투자원금 1천만원이 12,626,938원이 된다.

순서	투자처	투자원금	기간	회수액
1	상장주식	10,000,000	1개월	11,000,000
2	채권	11,000,000	3개월	11,110,000
3	증권사 CMA	11,110,000	3개월	11,154,440
4	상장주식	11,154,440	1개월	12,269,884
5	증권사 CMA	12,269,884	3개월	12,318,964
6	주식(배당투자)	12,318,964	1개월	12,626,938

안씨의 1년간 생활 투자에서 위험을 감수해야 하는 투자는 두 번의 상장주식 투자이다. 생활 투자의 개념이 생활 속에서 투자에 대한 아이디어를 얻는 것이기 때문에 상장주식 투자에 대한 아이디어가 1년에 두 번 정도는 생길 것으로 가정해 보았다. 투자 기회가 한 번 밖에 생기지 않았다면, 투자를 안 하면 된다. 그렇다고 할지라도 시중은행 정기예금에 예치하는 것보다는 훨씬 수익률이 높다.

수익률이 극대화 되는 이유는 바로 앞서 설명한 '복리의 힘'이다. 은행 정기예금에 예치할 경우에는 1년에 단 한 번의 투자 싸이클을 거치지만, 생활 투자를 할 경우에는 1년에 6번의 투자 싸이클이 반복되면서 복리의 투자수익을 달성한다. 물론, 각 투자처의 투자수익률에 따라서 더 많은 투자수익을 거둘 수도 있고, 반대로 상장주식의 투자결과에 따라 원금손실이 발생할 수도 있다.

새끼를 낳았으니,
팔 때 돈을 더 받을 수
있겠지?

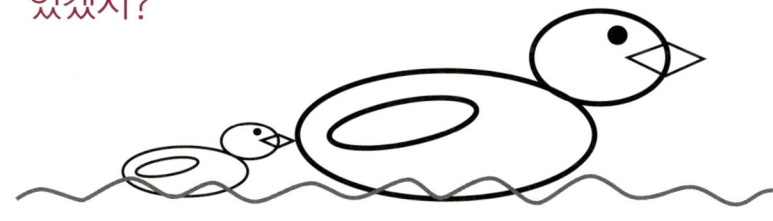

CMA와 MMF

2015년 5월 8일, 각 언론사는 '2015년 4월말 CMA(Cash Management Account) 잔고가 49조4천886억원으로 사상 최고치를 기록했다'는 금융투자협회의 발표를 인용하여 다음과 같은 내용의 기사를 발표했다.

"시중은행의 1년 정기예금 금리가 기준금리에도 못 미치는 '초저금리'를 기록하고 있어 투자처를 찾지 못한 시중 자금이 증권사의 CMA로 대거 이동하고 있다. 2015년 4월에는 2조원이 넘는 자금이 CMA로 몰렸다. 2014년말 46조3천억원이던 CMA 잔고는 2015년 이후 꾸준한 증가세를 보이면서 50조원을 넘보는 규모로 불어났다.

시중 자금이 CMA로 몰리는 것은 2015년 3월 한국은행이 기준금리를 내린 영향이 컸다. 기준금리가 연 2%에서 연 1.75%로 내려가자 주요 시중은행의 1년 만기 정기예금 상품의 금리가 CMA의 금리를 밑돌거나 비슷한 수준으로 내려갔기 때문이다."

금융상품 투자를 하기 위해서는 기본적으로 증권사의 CMA와 MMF(Money Market Fund)를 알고 있어야 한다. 두 가지 상품 모두 생활 투자를 하면서 자금을 회수한 후 다음 투자처를 찾을 때까지 단기로 예치하는데 유리한 금융상품이다.

은행상품과 비교해 보자. 은행 보통예금에 넣으면, 이자수익이 거의 발생하지 않고, 정기예금에 예치하면, 일정기간 자금이 묶인다. 생활 투자는 생활 속에서 찾아오는 기회를 놓치지 않고 투자를 하는 개념이기 때문에 언제 투자기회가 생길지 예상할 수 없다. 따라서, 자금이 묶여있으면 투자의 기회를 활용하기 어려운 경우가 생긴다.

CMA와 MMF는 은행의 보통예금처럼 수시입출금이 가능하면서 은행 정기예금 수준의 이자수익을 얻을 수 있다. 이 점은 생활 투자에 있어서 매우 중요한 포인트이다. 앞서서 '복리의 힘'을 설명한 바 있다. 이것은 예치한 원금과 이자수익이 안전하다는 것이 전제조건이 된다. 하지만, 생활 투자는 투자의 대상에 따라서 투자원금이 100% 보장되지 않는다. 투자를 하는 본인이 이 위험을 잘 다룰 줄 알아야 투자 사이클을 계속 굴릴 수가 있으며, 이렇게 될 때 복리개념의 투자수익을 얻을 수 있는 것이다. 투자 사이클을 계속 굴릴 수 있으려면 '휴식'이 필요하다.

2014년 11월, 각 언론사들은 초등학교 학생들이 최초로 자전거 국토종주에 성공했다고 발표했다.

"서울강남초등학교 교사, 학부모, 학생 60명은 2014년 8월에 여름방학을 맞아 '청소년 자전거 국토순례'를 통해 서울~부산, 오천자전거길, 금강자전거길, 아라자전거길을 7박8일 동안 1,000km를 달렸다. 이어2014년 10월, 이틀 동안 130Km의 담양댐~영산강종주, 그리고 2014년 11월 하루 동안 낙동강상류 구간을 마지막으로 대망의 국토종주를 마무리했다."

이들은 어마어마한 거리를 오랜 기간에 걸쳐 자전거로 달린 끝에 국토종주라는 목표를 이룰 수 있었다. 하지만, 목표를 달성할 때까지 연속해서 계속 달렸는가? 그렇지 않다. 달리는 중간에도 휴식이 필요하며, 매일 달린 것이 아니라 5개월 동안 일정 기간을 정하여 달렸다. 만약, 연속해서 쉬지 않고 계속 가야했다면 몇 Km 못 가서 포기했을 것이다.

투자도 마찬가지이다. 매일 고수익의 성공적인 투자 건수를 잡을 수는 없다. 주식투자를 하는 일반인 투자자들의 대다수가 결국 실패하는 이유 중의 하나가 바로 이 '휴식'을 하지 못하기 때문이다. 투자실패의 경험이 없는 사람이 한 두 차례 성공하다 보면, 본인이 마치 '미다스의 손(Midas touch,손대는 일마다 큰 성공을 거둬서 엄청난 재정적 이익을 내는 능력자)'인양 착각하며 계속 투자를 하다가 큰 실패를 맛보고 더 이상 주식투자를 할 수 없는 지경에 이르게 되는 것이다.

'미다스의 손'은 없다. 투자에 있어서는 얼마나 위험을 잘 다스리느냐가 중요하며 여기에 필수적으로 포함되는 것이 '휴식'이다. 그렇다면, 어떻게 휴식을 취할 것인가? 기약 없이 계속 쉴 것인가? 그렇지 않다. 좋은 투자기회가 생기면, 언제든지 투자를 할 준비태세를 갖추고 휴식을 취해야 한다. 그렇게 하기에 가장 좋은 금융상품이 CMA나 MMF이다.

그렇다면, CMA나 MMF가 은행의 정기예금이나 보통예금과 비교할 때 단점은 없을까? 물론 있다. 은행의 정기예금이나 보통예금은 '예금자보호법'에 따라 각 은행 별로 1인당 5천만원까지 안전하게 보호받을 수 있다. 하지만, CMA나 MMF는 기본적으로 예금자보호법의 대상이 아니다. (일부 종합금융사의 상품은 예금자보호법의 대상이다.)

하지만, 단순히 예금자보호법의 대상이냐 아니냐 만을 가지고 투자를 할지 말지 결정해야 한다고 생각한다면 생활 투자는 포기하고 은행에 예치하는 것이 마음이 편할 수 있다. 생활 투자는 위험을 아예 회피하는 것이 아니라 투자의 성격에 따라 어느 정도 위험을 감수하는 것이며, 이 위험을 얼마나 잘 다루느냐가 투자성공을 좌우하기 때문이다.

CMA나 MMF는 운용사가 국공채나 양도성예금증서, 우량기업의 CP(Commercial Paper) 등을 매우 보수적으로 운용하기 때문에 운용에 대한 위험이 적고, 운용사가 망하더라도 운용 채권은 별도로 안전하게 예치되어 있다. 이 정도의 운용 구조라면, 위험은 매우 적다고 판단할 수 있으며, 생활 투자를 하는 과정에서 투자 사이 사이의 휴식기에 단기자금을 운용하기에는 적합한 상품이라고 볼 수 있다.

편리성 측면에서 보면, CMA가 MMF에 비해서 기능이 더 많다.

MMF는 현금인출기로 인출이 불가능하고 결제와 자동이체 등의 기능이 없어 공과금 납부 등이 불가능하다. 이에 비해 CMA는 현금인출기로 인출이 가능하고 공과금 자동납부, 급여이체, 인터넷뱅킹 등 은행업무가 가능하다.

언제 쉴 거야?

　　　　　　　직장인 강씨는 2013년 9월초에 모 증권사의 직원으로부터 ELS(Equity-Linked Securities, 주가연계증권) 상품을 권유받았다. Kospi 200 지수와 LG전자 주가를 연계한 3년만기 ELS 상품으로 설정일로부터 6개월이 되는 시기마다 환매가 가능한 상품이었다. 증권사 직원은 만기는 3년이지만, 6개월 후에 바로 환매가 가능하고 환매 시 연 수익률이 10%이기 때문에 매우 좋은 상품이라고 설명했다.

　단, 6개월 후 환매가 되기 위해서는 이 상품의 옵션을 만족해야 했는데, 그 옵션은 다음과 같았다.

　① Kospi 200 지수가 설정일 대비하여 90% 이상일 것
　② LG전자 주가가 설정일 대비하여 90% 이상일 것

　강씨는 직장생활을 하면서 5년 이상 주식투자를 해 온 사람으로, 주식투자에 대한 경험이 있는 사람이었다. 그가 판단할 때, 2013년 9월 시점에서 ① 주식시장의 전체적인 시황이 안정적이었고 ② LG전자가 새롭게 출시한 스마트폰 G2가 각광을 받고 있었고, 마이크로

소프트사가 노키아를 인수하면서 LG전자가 반사이익을 얻을 것이라는 전망도 있었기 때문에 LG전자의 주가는 향후 상승할 가능성이 높고, 6개월 후의 주가가 -10% 까지는 안 될 것이라는 생각이 들었다.

강씨는 그 다음해인 2014년 5월에 결혼할 예정이었으므로 이 상품에 투자한 6개월 후인 2014년 3월에는 투자금을 회수하여 결혼자금에 쓸 수 있을 것이라는 기대를 하고 2013년 9월 9일에 그동안 모아 둔 5천만원을 이 상품에 투자했다. 강씨의 기대대로 2014년 3월에 환매가 된다면 투자원금 5천만원과 투자수익 250만원(세전수익률, 년 수익률 10% 이므로 6개월 수익률 5%임)을 회수하는 셈이었다.

하지만, 6개월 후의 상황은 강씨의 기대대로 완벽하게 전개되지는 않았다. 강씨의 예상대로 주식시장의 전체적인 시황은 안정적이었기 때문에 6개월 후 Kospi 200 지수는 설정일과 비슷했다. 그러나 LG전자의 주가가 말썽이었다. 이 상품의 옵션에 따르면 6개월 후 LG전자의 주가는 설정일 주가인 75,100원의 90% 이상인 67,600원 이상이어야 하는데, 주가가 그 아래로 하락해 버린 것이다.

결국, 투자시점에서 강씨가 예상한 것과는 달리 6개월 후 환매는 불가능해졌고, 그가 2014년 5월에 결혼할 때 부족한 자금을 은행으로부터 차입 해야 했다. 그렇다고 해서 그가 투자손실을 본 것은 아니었다. 두 번째 환매시점인 2014년 9월에 두 가지 옵션을 모두 만족하여 환매를 신청했고, 투자원금 5천만원에 1년 보유한 수익 10%를 챙길 수 있었다.

CMA나 MMF가 저위험으로 편리하게 은행 정기예금 금리 수준의 투자수익을 거둘 수 있다고 한다면, ELS(Equity-Linked Securities, 주가연계증권) 상품은 '중위험-중수익'상품을 표방하고 있다. ELS와 연계되는 주식을 우량주로 하여 위험을 줄이는 설계를 하지만 연계 주가가 많이 오른다고 해서 오른 만큼의 수익을 돌려주는 것이 아니라 약정된 수익만 주는 상품이다. (강씨가 가입한 상품의 경우 년 10%)

만약, 강씨가 2013년 9월에 이 상품에 투자하지 않고 LG전자 주식에 직접 투자했다면 10% 이익은 커녕 원금손실을 봤을 확률이 높다. KOSPI 200 지수와 연동된 ETF(Exchange Traded Funds, KOSPI200과 같은 특정지수의 상승에 따라 수익율을 얻을 수 있도록 설계된 지수연동형 펀드로 인덱스 펀드와 뮤추얼 펀드의 특성을 결합한 상품이다. 2002년 처음으로 도입된 ETF는 인덱스 펀드와는 달리 거래소에 상장돼 일반 주식처럼 자유롭게 사고 팔 수 있다.)에 투자했다고 할 지라도 10% 수익은 어려운 상황이었다.

강씨의 경우, 10%의 수익을 챙길 수 있었지만 ELS는 안정적인 금융상품으로 볼 수는 없다. 2015년 5월, 금융감독원과 한국예탁결제원 집계에 따르면 ELS에 투자된 투자잔액은 2010년 17조 수준에서 2015년 3월말 기준으로 61조5천억원을 기록했다. 2010년 대비 ELS 투자잔액이 3.6배가 된 것이다. 이와 비례하여 투자자들의 민원도 급증했는데, ELS가 원금 손실이 발생할 수 있는 고위험 금융투자 상품인데도 불구하고 모르고 투자했다가 큰 손실을 입고 민원을 제기하는 투자자가 급증하고 있기 때문이다. 금융감독원의 발표에 따르면 접수된 ELS 관련 민원은 2012년 31건이었지만 2013년 193건, 2014년 264건으로 증가했다.

금융감독원이 발표한 바에 따르면, 2014년도 ELS의 평균 수익률은 2%에 불과했다. 2014년도에 ELS 투자자들이 회수한 ELS 투자금 가운데 93.5%는 수익을 냈고, 평균 수익률은 5.0%였다. 문제는 손실을 본 투자자들이다. 2014년도에 투자자들이 회수한 ELS 투자금 가운데 손해를 본 6.5%의 손실률은 평균 41.4%에 달했다. ELS가 '중위험-중수익'을 표방하고는 있지만, 2014년도 통계수치로 분석해 볼 때, 수익을 거둔 투자자들의 수익은 평균적으로 저수익에 가깝고, 손실을 본 투자자들의 손실은 평균적으로 고위험에 노출되어 있었다.

금융감독원이 발표한 2014년도 통계자료에서 알 수 있는 것처럼, 2014년도에 ELS에서 투자금을 회수한 투자자들의 93.5%가 수익을 얻을 수 있었으므로 확률적으로는 위험이 큰 상품은 아니다. 하지만, **손실을 본 6.5%의 투자자들의 손실이 매우 크기 때문에 투자에 신중을 기해야 하는 상품이다.** 앞서 강씨의 사례에서도 알 수 있듯이 ELS의 옵션이 만족되지 않으면 환매를 할 수 없으므로 투자기간도 본인의 생각대로 통제되지 않을 가능성도 높다.

따라서, ELS라는 금융상품은 단순히 금융기관 직원이 추천한다고 해서 가입을 할 것이 아니라 상장주식을 투자하듯 신중하게 판단해야 한다. ELS는 주가연계형 증권이기 때문에 어떤 주식과 연계가 되는지도 잘 살펴봐야 하고, 그 주식의 향후 주가에 대해서도 신중하게 분석해야 한다. 그리고 가입시기도 매우 중요하다. 연계된 주식은 통상적으로 거래소에 상장된 우량 주식인데, 그 주식의 주가가 고점일 때 가입을 하게 되면 추후 환매가 지연될 가능성이 높기 때문에 해당 주식의 주가가 저점 일 때 가입하는 것이 좋다. 전체적인 주식시황도 잘 살펴봐야 한다. 주로 ELS의 기초 자산이 되는 개별 종목은 유동성이 좋은 대형주가 되는데 이 대형주의 주가는 전체 주식시황과 밀접하게 움직이는 경향이 있기 때문이다.

상처받을 확률이 6.5%
인데, 시도해 볼까?

주식형 펀드와 채권형 펀드

    2014년 5월에 예정대로 결혼한 강씨는 ELS 환매가 늦어지는 바람에 신혼집 전세자금을 은행에서 전세자금대출로 충당했다. 2014년 9월에 다행히 ELS 환매를 하여 목돈이 생기자 아내와 상의한 끝에 신혼집 전세 때문에 차입한 대출을 상환하기로 결심했다. 2015년 10월에 대출은행을 찾은 강씨에게 은행 대출담당자는 이렇게 제안했다.

> "요즘 대출이자율이 낮은 편이라서 다른 대출이 없으시면, 전세자금대출 5천만원 정도는 유지하셔도 괜찮지 않을까요? 5천만원은 주식형 펀드에 투자하시는 건 어떠세요?"

    주식형 펀드는 펀드 자산의 최소 60% 이상을 주식에 투자하는 펀드를 말한다. 자산의 50~60%를 투자하는 펀드는 주식혼합형 펀드라 부르고, 50% 미만을 주식에 투자하는 펀드는 채권혼합형 펀드라 한다. 주식형 펀드에 비해 채권형펀드는 채권에 60% 이상 투자한다.

채권형 펀드가 안정적인 수익을 지향하는 상품인 반면 주식형펀드는 주가 상승이 예상 될 때 가입을 하는 공격적인 금융상품이다.

주식형이든 채권형이든 펀드의 운용실적에 따라서 수익이 확정되기 때문에 확정수익을 기대할 수 없고, 원금손실 가능성도 있다. 이러한 펀드에 가입하는 이유는 직접 주식투자나 채권투자를 하기에는 여건이 안 되는 투자자들이 운용사를 선택하여 자금을 맡겨 자금운용을 대행시키는 간접투자에 해당된다. 펀드를 판매하는 증권사나 은행은 펀드 판매대행 수수료를 받게 되고, 운용사는 운용보수를 받는다.

여기서 주의할 점은 펀드를 판매한 은행이나 증권사, 그리고 운용을 담당하는 운용사 모두 펀드 운용실적 악화에 따른 손실에 대한 책임이 없다는 점이다. 펀드를 판매하는 과정에서 위법사항이 없고, 펀드를 운용하는 과정이 법 위반 없이 정상적으로 운용했다면, 펀드의 손실에 대해서는 책임질 필요가 없다. 운용실적이 좋지 않아서 손실이 발생한 경우, 그 책임은 오직 그 상품을 선택한 투자자의 책임이 된다.

주식형펀드는 상장주식 직접투자와 성격이 비슷하다. '고위험-고수익' 상품에 해당하고 ELS와는 다르다. 앞서 강씨의 ELS 투자 사례에서 설명했듯이 ELS는 연계주식의 주가가 옵션사항을 벗어나지만 않으면 일정 수익이 확정되는 상품이고, 주식형 펀드는 펀드 운용사가 선택하여 투자한 주식의 주가에 따라서 손익이 결정된다.

국내 주식형 펀드 운용사들은 대부분 대형주인 Kospi 200 종목을 주로 매매하기 때문에 주식형 펀드는 Kospi 지수의 등락에 많은 영향을 받게 되며, 채권형 펀드는 채권이자율의 등락에 따른 채권가격 등락에 많은 영향을 받게 된다.

강씨는 은행 대출담당자의 제안에도 불구하고 주식형 펀드에 가입하지 않고, 예정대로 전세자금대출을 상환했다. 강씨가 이러한 결정을 하게 된 이유는 다음과 같다.

① 주식형 펀드는 상장주식 직접투자와 마찬가지로 고위험 상품이다.
② 아내와 맞벌이를 하기 때문에 5천만원 정도의 대출은 큰 부담이 없지만, 빚을 지고서 주식형 펀드에 투자를 하게 되면 불안감 때문에 환매시기를 제대로 판단하기 어렵다.
③ 마음이 불안하고 조급하면, 직장생활에 집중하기 어렵기 때문에 일단 대출금을 상환하고 나서 종잣돈을 모아 투자를 시작하는 것이 바람직하다.

강씨가 만약 2014년 10월에 주식형 펀드에 가입을 하고 6개월을 유지한 후 환매했다면, 2015년 상반기의 주가상승 덕분에 10% 이상의 수익을 거두었을 것이다. 6개월간 10%이므로 년 수익률로 따져보면 그 두 배에 해당하는 높은 수익률이다. 하지만, 결과만 가지고 강씨의 판단이 옳지 않았다고 볼 수는 없다. 생활 투자는 무조건 투자를 감행하는 것이 아니라 본인의 상황과 성향에 맞게 투자활동을 하는 것이기 때문에, 강씨의 투자에 대한 태도는 생활 투자에 맞는 행동이라고 볼 수 있다.

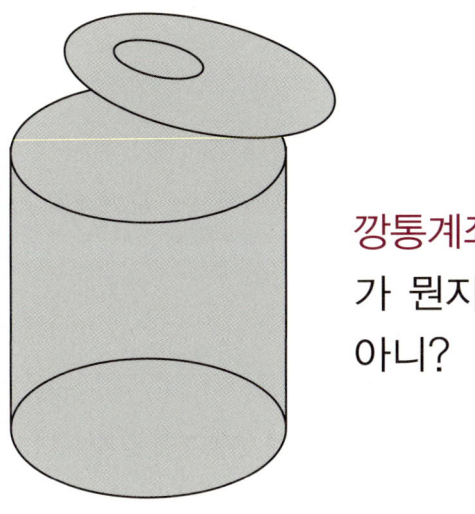

깡통계좌가 뭔지 아니?

 적립식과 거치식

2014년 10월에 은행대출을 상환한 강씨는 투자금을 위한 종잣돈 마련을 위해 월급에서 일정액을 떼어 적립식으로 하는 주식형 펀드에 가입했다. 펀드 투자에는 투자금 납입 형태에 따라 적립식 펀드와 거치식 펀드로 구분된다. 앞서 강씨가 대출금을 상환하지 않고 5천만원으로 한꺼번에 주식형 펀드에 가입했다면, 그 형태는 거치식이라고 볼 수 있다. 이에 비해 적립식은 은행의 적금처럼 매월 일정금액을 펀드에 불입하는 형태이다.

알기 쉽게 상장주식 직접투자와 비교해 보자. 예를 들어 현대차 주식을 2014년 10월 특정일에 5천만원 어치 매수했다면, 그 방식은 거치식의 형태이고, 현대차 주식을 2014년 10월부터 매월 50만원 어치 씩 100개월 동안 매수했다면, 그 방식은 적립식의 형태와 같다고 볼 수 있다.

거치식은 투자 이후의 주가 변동에 따라 투자수익에 직접적인 영향을 미친다. 그에 비해 적립식은 매월 분할 매수하는 형태이기 때문에 주가하락에 좀 더 유연하게 대응이 가능하다. 주가가 하락하는 시기에도 꾸준하게 매수를 하기 때문에 펀드의 기준가격을 낮추는 효과가 있고, 추후 주가 상승기에 수익을 기대할 수 있는 여지가 있다. 물론, 주가가 상승할 경우에는 적립식이 거치식에 비해서 수익률이 낮게 형성된다.

적립식 투자의 전제는 주가가 언제 오르고 내릴지 인간이 알 수 없다는 것이다. 적립식 투자를 '평균 단가 분할 매입법(dollar cost averaging)'이라고도 하는데, 핵심은 평균 매입 단가를 낮춰야 한다는 것이다. 매입 단가를 낮추려면 주가가 쌀 때 많이 사야 한다. 주가가 쌀 때 사기 위해서는 주식시장이 전체적으로 하락한 시기에 매수하는 것이다. 하지만, 언제가 주가의 바닥인지는 판단하기 어렵다.

그래서, 적립식 투자를 할 때는 투자자의 시장 전망이나 예측은 하지 말고, 투자 기간에 초점을 맞추는 것이 좋다. 적립식 펀드는 통상적으로 3년 만기로 만기를 설정하기 때문에 3년 안팎의 투자 기간이 일반적이다. 3년 만기로 투자를 계획하더라도 중간에 손실이 나면, 납부를 정지하는 경우가 적지 않다. 통계적으로 3년이라는 기간은 적립식 투자로 볼 때 짧은 기간이다. 적립식 투자로 손실을 최소화하기 위해서는 최소 5년 이상 투자해야 한다는 것이 일반적이다. 물론 5년 이상 투자한다고 반드시 수익을 낸다는 보장은 없다. 그러나 통계적으로 볼 때, 손실 가능성은 확실히 줄어든다고 볼 수 있다.

강씨는 적립식 펀드에 투자를 하면서 세가지 전략을 세워 지켜나가고 있다.

① 납부 1년 후 10% 이상 수익이 발생하면 환매한다.

② 주식시장이 비정상적으로 폭락하면, 추가로 납부하여 매입단가를 낮춘다.
③ 년 수익률 10%를 목표로 하되, 시장 하락에 겁먹지 말고 5년 이상 장기투자를 한다는 생각으로 꾸준히 납부한다.

적립식 투자 성공의 열쇠는 주식시장 시황에 대한 분석이나 예측에 있지 않다. 인간은 시장을 정확하게 판단할 수 없다는 겸허한 자세로 시간을 보내면서 꾸준하게 납입하는 것이 중요하다. 적립식 펀드 투자에 실패하는 사람들은 시장 침체기에 오는 불안감을 극복하지 못하고 손실을 보고 환매를 하는 것이다. 주식시장에서는 영원한 상승도 없는 것처럼 영원한 하락도 없다.

사랑도 적립식이 되나요?

4장

채권 투자

# 채권 투자는 100% 안전한가?

    2009년 하반기, 직장인 권씨는 모친이 여유자금이 생겨 이를 운용할 곳을 알아보라고 하여 은행 정기예금 쪽을 알아보다가 'OO저축은행 후순위채권 투자자 모집'이라는 신문광고를 보게 되었다. '후순위채권'이라는 명칭이 매우 생소하였지만, 신문광고를 보니 은행 정기예금 금리보다 4% 이상 높았기 때문에 은행에 예치하는 것에 비해 2배 가까운 이자수익이 발생한다는 것에 매료되어 좀 더 알아보기로 했다.

    권씨는 인터넷 서핑 중 재테크 관련 동호회를 발견하여 가입을 하고 'OO저축은행 후순위채권'에 대해서 동호회 게시판에 문의를 하였다.

권씨의 질문

"어머님이 여유자금이 조금 생겨서요. 금리가 높은 은행을 알아보라고 하시네요. 알아보니 은행예금은 금리가 형편없네요. 질문은요. 얼마 전에 신문에서 저축은행 후순위채권 발행 기사를 봤는데 그쪽에 살짝 관심이 가더라구요. 신문에서는 금리도 높고 괜찮다고 하는데 이거 괜찮은건가요? 후순위채권에 투자했을 때, 안전한지도 알고 싶습니다. 왜 그렇게 금리가 높은 건가요? 성의 있는 답변 꼭! 부탁드립니다."

동호회 다른 가입자의 답변

"후순위채권의 문제점은 기간이 장기라는 점과 그 회사가 완전히 도산했을때 이자는커녕 원금도 돌려받지 못한다는 겁니다. 아마도 저축은행 후순위채권이면 5년 정도 기간일거예요. 향후 경기가 좋아지면 금리는 더 떨어질테니까 일단 후순위채권이 금리면에서는 매우 좋은 투자 맞구요, 문제는 저축은행이 망하면 어쩌나 하는 것이겠죠. 개인적인 의견이지만 저축은행이 완전히 망했던 경우는 없는 걸로 압니다. 부실이 나서 다른 은행이나 회사에 인수 합병되는 경우는 간혹 있지만요. 완전히 망하지 않고 다른 곳에 인수나 합병되는 경우는 후순위채권도 인수되므로 문제 없습니다. 그리고 후순위채권을 발행한다는 건 발행하는 저축은행이 어느 정도 인지도가 있는 곳이라고 보셔도 되구요. 저축은행이라고 아무데나 후순위채권 발행이 가능한 건 아니니까요. 괜찮아 보입니다."

권씨는 은행 정기예금 금리에 실망하던 차에 저축은행 후순위채권이라는 다른 투자처를 발견했고, 안전성에 대해서 다소 의구심을 가졌으나 재테크 동호회의 다른 가입자의 답변을 보고 용기를 얻었다. 그래서, 모친의 여유자금 3천만원 전액을 'OO저축은행 후순위채권'에 모두 투자했다.

OO저축은행 후순위채권은 3개월 이표채(액면가로 채권을 발행하고, 표면이율에 따라 연간 지급해야 하는 이자를 일정 기간 나누어 지급하는 채권)로 3개월마다 이자를 지급받았기 때문에 권씨의 모친은 마치 3개월마다 용돈 받는 것 같은 기분도 들고, 이자도 은행 정기예금보다 훨씬 높았기 때문에 아들인 권씨의 선택을 칭찬했다.

권씨의 모친이 OO저축은행 후순위채권에 투자하고 2년이 지난 2011년 하반기에 OO저축은행은 금융감독원의 조치로 영업정지를 당했다. 이 때 OO저축은행 뿐만 아니라 몇 개의 저축은행이 영업정지를 당했으며, 이 저축은행들은 정리수순을 밟게 되었다. '저축은행 사태'라고 불리는 이 사건으로 인해 저축은행에 정기예금으로 예치한 고객들은 '예금자 보호법'에 의해 5천만원까지 보호를 받았으나, 저축은행 후순위채권에 투자한 고객들은 투자원금을 대부분 받지 못하는 상황에 이르렀다.

2013년 9월말, 동양그룹의 3개 회사(동양레저, 동양인터내셔널, ㈜동양)가 법정관리(부도를 내고 파산 위기에 처한 기업이 회생 가능성이 보이는 경우에 법원의 결정에 따라 법원에서 지정한 제3자가 자금을 비롯한 기업활동 전반을 대신 관리하는 제도)를 신청하고 신용등급이 D(디폴트 등급, default, 공·사채나 은행융자 등에 대한 이자 지불이나 원리금 상환이 불가 능해진 상태)로 강등되었다. 그리고 바로 10월초에 동양네트웍스와 동양시멘트도 법정관리를 신청하면서 동양그룹은 몰락의 길을 걷게 되었다.

　이와 관련하여 금융감독원은 2013년 12월에 동양그룹 회장과 동양증권 대표이사를 사기혐의로 검찰에 고발하게 되는데, 그 사유가 법정관리 신청을 앞두고 동양그룹 계열사들의 회사채와 기업어음(CP, Commercial Paper, 신용도가 높은 우량기업이 자금조달을 목적으로 발행하는 단기의 무담보(無擔保) 형식의 일종의 단기 채권)을 동양증권 직원들을 통해 고객들에게 판매를 독려한 정황을 포착했기 때문이다.

　2014년 1월말에 검찰은 동양그룹 사태에서 회장 등 11명을 기소하면서 동양증권의 동양그룹 계열사 채권에 대한 불완전판매(不完全販賣, 고객에게 금융상품을 판매할 때 상품에 대한 기본 내용 및 투자위험성 등에 대한 안내 없이 판매한 것을 말함)에 따른 피해규모를 발표했다. 검찰에 따르면, 동양그룹 회장등 그룹 고위 임원들은 2013년 2월부터 9월까지 동양레저와 동양캐피탈 등 계열사 CP와 회사채 총 1조3천억 원을 발행해 이중 1조원 정도가 지급불능 처리됐으며, 피해를 입은 개인투자자는 4만여 명에 달했다.

　주식 투자에 비해서 상대적으로 안전하다고 여겨졌던 채권 투자는 저축은행 사태와 동양그룹 사태 등 큰 사건을 통해 그 안전성에 대해서 다시 한번 생각하게 되는 계기가 되었다.

　후순위채권이나 기업 CP는 무담보 채권이므로 기업이 망할 경우 투자원금을 회수할 수 없다. 그럼에도 불구하고 많은 개인투자자들이 투자를 하게 된 이유는 첫째, 은행예금 금리의 두 배 이상의 고금리의 상품이었고, 둘째, 개인투자자들은 회사에 대한 정보가 부족하기 때문에 판매 직원들의 권유나, 주변 사람들의 의견 등을 듣고 직관적으로 회사가 안전할 것이라고 판단했기 때문이다.

유럽인들은 1697년 호주에서 검은색 백조(흑고니)를 처음 발견하기까지는 모든 백조는 흰색이라고 인식하였는데, 그때까지 인류에게 발견된 백조는 모두 흰색이었기 때문이다. 이때의 발견으로 인하여 '검은 백조'는 '존재하지 않을 것이라고 생각하는 것이나 불가능하다고 인식된 상황이 실제 발생하는 것'을 가리키는 은유적 표현으로 사용되었고 2008년도 전세계적인 금융위기가 발생하자 이 현상을 '블랙 스완'이라고 불렀다.

'블랙 스완'이란 경제학적으로는 극단적으로 예외적이어서 발생 가능성이 없어 보이지만 일단 발생하면, 엄청난 충격과 파급효과를 가져오는 사건을 가리키는 용어인데, 미국 뉴욕대폴리테크닉연구소 교수인 나심 니콜라스탈레브(Nassim Nicholas Taleb)가 2007년 월가(Wall Street)의 허상을 파헤친 〈The Black Swan〉이라는 책을 출간하면서 '블랙 스완(Black Swan)'이라는 말이 경제 영역에서 널리 사용되기 시작하였다.

2008년도에 전세계를 충격으로 몰아넣었던 금융위기가 '블랙 스완'의 예가 될 수 있는데, 저축은행 후순위채나 동양그룹 회사채와 CP에 투자했던 개인투자자들에게 있어서는 저축은행 사태와 동양그룹 사태는 '블랙 스완'이라고 볼 수 있다. 그들이 이러한 채권에 투자를 할 때에는 '저축은행이나 동양그룹이 망할 수 있다' 라는 것은 전혀 염두에 두지 않았기 때문에 투자를 진행했을 것이라는 것은 쉽게 추측할 수 있다.

결국, 채권 투자라고 해서 모두 다 안전한 것은 아니며, 채권 투자를 할 때에도 주식 투자 처럼 채권 발행기관 또는 발행회사에 대해서 잘 파악해 보고 투자해야 한다.

이 새는 빨간색이네?
그렇다면?

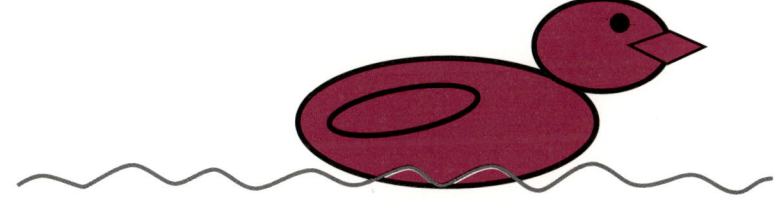

채권의 종류

채권은 일종의 차용증서(借用證書, a bond of debt, 금전이나 물건을 빌려 쓰는 증거로 작성하는 문서를 말함)라고 볼 수 있다. 개인과 개인간에 돈을 빌려주고 받을 때, 차용증서를 쓰게 된다. 채권은 돈을 빌리는 곳이 개인이 아니라 국가, 지방자치단체, 공공기관, 주식회사 등 공신력이 확보되어 있는 곳이라는 점에서 차이가 있다.

국가, 지방자치단체, 공공기관, 금융기관, 주식회사 등이 채권을 발행하여 돈을 빌리게 되면, 돈을 빌려주는 곳은 채권을 받고 돈을 빌려주게 된다. 채권에는 원금과 이자의 상환 일자와 상환 금액이 정해져 있다. 주식의 경우에는 가격 변동이 심하지만, 채권은 가격변동이 작기 때문에 발행기관이 망하지만 않는다면 안정적인 수익을 낼 수 있는 투자의 수단이 된다.

채권은 발행주체에 따라 다르게 불려지는데, 국가가 발행하면 국채, 지방자치단체가 발행하면 지방채, 공공기관이 발행하면 특수채, 금융기관이 발행하면 금융채, 주식회사가 발행하면 사채(주식회사채를 줄여서 사채로 표현한다.)라고 부른다. 원리금 지급시기에 따라서 이표채(액면가로 채권을 발행하고, 표면이율에 따라 연간 지급해야 하는 이자를 일정 기간 나누어 지급하는 채권)와 복리채(중간에 이자를 지급하지 않고 이자를 원금에 가산해 재투자한 뒤 만기상환 때 원금과 이자를 함께 지급하는 채권), 할인채(이자가 붙지는 않지만 반드시 이자 상당액을 미리 액면가격에서 차감, 발행가격이 상환가격보다 낮은 채권)로 나뉜다.

채권에 대한 보증의 유무에 따라서 보증채와 무보증채로 나뉘는데, 우리나라에서 발행된 채권은 대부분 보증이 없는 무보증채이다. 만기일에 따라서는 단기채(만기 1년 미만), 중기채(만기 1년 이상 5년 미만), 장기채(만기 5년 이상)로 나뉘진다.

이처럼, 투자자 입장에서 볼 때 투자할 수 있는 채권의 종류는 다양하다. 투자목적과 투자기간, 위험감수 정도 등 투자자의 상황에 맞게 취사 선택하여 투자할 수 있다는 것이 채권투자의 장점이다.

은행예금과 채권의 차이

　　　　　　　　채권은 발행할 때, 지급이자를 정하여 발행한다. 따라서 투자자가 채권을 투자하여 보유하게 되면 보유 기간에 따라서 이자를 지급받게 된다. 이는 은행의 정기예금과 비슷한 수익 구조처럼 보인다. 하지만, 채권은 은행의 정기예금과 비교할 때, 명확하게 다른 수익 구조가 존재한다.

　채권은 만기 전이라도 중간에 매도가 가능하며, 이럴 경우 주식처럼 시세차익을 얻을 수도 있다. 이 점이 은행의 정기예금과는 차별화된 채권 투자의 매력이며 많은 채권 투자자들이 채권을 매매하여 시세차익을 얻고 있다. 은행의 정기예금을 만기 전에 찾게되면 중도 상환에 따른 수수료가 부과 되나, 채권은 만기 이전이라도 시장에서 얼마든지 매도가 가능하다.

　은행예금은 은행에서만 취급하는 상품이지만, 채권은 국가, 지방자치단체, 공공기관, 금융기관, 주식회사 등 발행주체가 다양하여 투자자에게 맞는 채권에 골라서 투자할 수 있다. 은행예금의 만기는 3개월, 6개월, 1년, 2년, 3년 정도로 제한적이나, 채권의 만기는 3개월

~20년까지 다양한 만기 구조를 갖고 있다.

투자 수익에 따른 세금도 은행예금 보다는 채권이 유리할 수 있다. 은행예금의 경우 예금이자 전체가 세금 납부를 위한 과표 대상이 되지만, 채권의 경우 표면금리가 세금 납부를 위한 과표 대상이 된다. 채권을 중간에 매도했을 때, 시세차익에 대해서는 비과세이다. 게다가, 채권 매매차익은 금융소득종합과세에도 해당되지 않는다.

하지만, 채권도 주식처럼 매매 시 손실이 발생할 수도 있다는 점을 명심하여 신중하게 매매해야 한다. 매매를 잘 할 경우에는 시세차익이 발생할 수 있지만, 매매를 잘 못할 경우에는 손실이 발생할 수 있다.

3년만기 은행 정기예금에 가입했으나 1년 후 사정이 생겨서 정기예금을 해약해야 할 경우, 중도상환수수료 때문에 이자율에 손해를 보지만, 원금 손실이 발생하지는 않으며 원금은 그대로 돌려받을 수 있다. 하지만, 채권의 경우는 좀 다르다.

3년만기 사채를 투자했으나 1년 후 사정이 생겨서 채권을 매도해야 하는데, 이자율이 상승하여 채권가격이 하락하였을 경우, 채권매매에 따른 손실이 발생하며 때에 따라서는 그 손실이 그 동안 받은 채권이자 보다 많게 되어 원금손실에 이를 수가 있다. 이런 측면에서 볼 때, 원금에 대한 안정성은 은행예금이 채권보다 높다고 볼 수 있다.

은행 정기예금과 채권은 이자의 지급시기에도 차이가 있다. 통상적으로 은행 정기예금의 이자는 만기에 일시에 지급하지만, 채권은 3개월 마다 지급하는 형태가 많다. 이자율이 동일하더라도 만기에 일시 지급받는 것보다 3개월마다 지급받는 것이 수익률 측면에서 유리하다. 먼저 받은 이자를 재투자하여 수익률을 높일 수 있기 때문이다.

정리해 보면, 은행 정기예금에 투자한 투자자는 기간에 따른 이자수익만 받을 수 있지만, 채권 투자자는 기간에 따른 이자수익 뿐만 아니라 채권 매매에 따른 자본차익도 기대할 수 있고, 먼저 받는 이자에 대해서 재투자하여 얻는 수익도 기대할 수 있다.

주식과 사채의 차이

주식이나 사채나 공통적으로 주식회사가 자금조달을 위해서 발행한다는 공통점이 있다. 하지만, 발행회사 입장에서 볼 때, 주식과 사채의 근본적인 차이점이 있다. 주식은 자기자본(자본금)이고 채권은 타인자본(부채)이라는 것이다. 발행회사 입장에서 볼 때, 발행한 주식을 상환해야 할 의무가 없지만, 발행한 사채는 상환해야 할 의무가 있다.

발행회사의 입장과 비교하여, 투자자의 입장에서 볼 때는 매수한 주식은 주가가 떨어져도 발행회사로부터 투자금을 상환 받을 수가 없다. 하지만, 매수한 채권은 만기일이 도래하면 발행회사로부터 상환을 받을 수 있다. 이 점 때문에 주식보다 채권이 더 안정적인 투자처라고 이야기 하는 것이다. 발행회사가 존속하는 한, 발행회사는 발행한 사채에 대해서 만기일에 상환해야 한다.

그렇다고 해서 채권이 주식보다 마냥 좋기만 한 것은 아니다. 만약, 발행회사가 성장하여 기업가치가 높아지면 발행회사의 주가가 상승하게 된다. 채권으로 투자한 투자자는 발행회사의 기업가치가 높아진다고 하더라도 추가로 얻을 수 있는 수익은 없다. 수익이 고정되어 있는 것이다. 채권가격은 발행기업의 가치와는 무관하며 이자율의 변동과 관련이 있다. 반면, 주식으로 투자한 투자자는 주가의 상승에 따른 높은 시세차익을 얻을 수 있다. 이 점이 주식 투자의 매력이다.

반대로 기업가치가 하락하여 주가가 떨어지게 되면, 주식으로 투자한 투자자들이 주식을 매도했을 때 원금손실을 볼 수도 있다. 채권 투자자들은 기업가치가 하락하더라도 기업이 존속하기만 하면, 만기에 채권을 상환 받을 수 있고, 이자도 받을 수 있다.

만약, 회사의 경영상황이 악화되어 부도가 나거나 법정관리에 들어가더라도 주식 투자자들 보다는 채권 투자자들이 투자금을 회수할 가능성이 더 높다. 주식 투자자는 주주이고, 채권 투자자는 채권자이기 때문에 회사가 부도가 나서 청산될 경우, 잔여재산에 대해서 채권자에게 우선적으로 배분을 하기 때문이다. 통상적으로 이런 경우에 주주들은 받을 수 있는 재산이 거의 없으나, 채권자들은 원금의 일부라도 회수할 가능성이 있다.

좀 더 본질적으로 쉽게 설명하면, 주식에 투자하는 것은 동업을 한다는 생각으로 회사의 발전 가능성을 보고 투자하는 것이고, 채권에 투자하는 것은 회사에 돈을 빌려주어 원리금을 받는 것과 같다.

생활 투자에서는 주식 투자와 채권 투자를 병행해서 하면 앞 장에서 설명한 복리 투자를 원활하게 할 수 있다. 주식 투자를 할 때는 회사의 성장성을 바탕으로 투자수익을 추구하는 것이 좋지만, 항상 주가가 상승할 만한 회사를 찾기는 어렵기 때문에 주식 투자를 쉴 때는 채권 투자를 하되, 채권 투자를 할 때는 수익성 보다는 원리금을 안전하게 받을 수 있는 안정적 투자를 추구하는 것이 좋다.

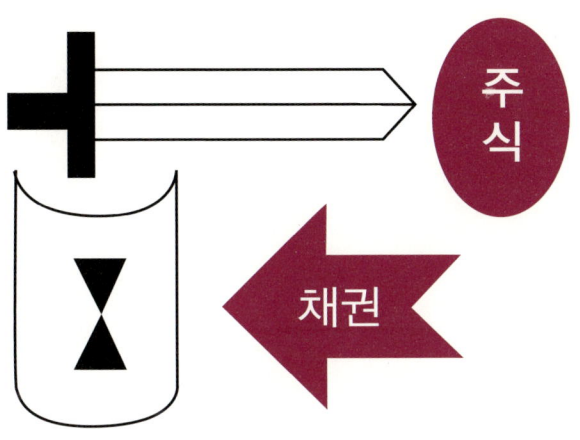

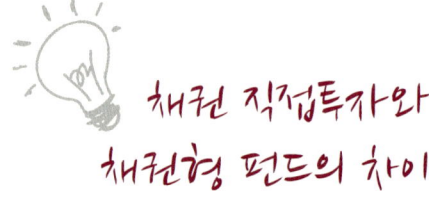
채권 직접투자와
채권형 펀드의 차이

채권형 펀드는 소액의 자금을 모아 채권을 전문적으로 운용하는 전문가인 펀드매니저에게 펀드 운용을 맡기는 것이다. 순수 채권형 펀드는 주식 같은 변동수익자산에는 투자하지 않고 채권, CD, CP 등 고정수익자산에 투자한다. 채권형 펀드 투자는 채권 전문가가 투자자를 대신하여 운용해 주는 구조이기 때문에 채권 투자에 대한 전문성이 부족한 개인 투자자가 채권 투자를 하고 싶을 때 투자하기 좋다.

채권형 펀드의 단점은 이 투자에 참여하는 개인투자자들의 성향이 다양한데, 이것을 일일히 맞춰 줄 수가 없다는 것이다. 이에 비해 채권을 직접투자 할 경우에는 다양한 채권들 중에서 본인의 투자 목적에 맞는 채권을 선택하여 투자할 수 있다.

이 차이점은 주식에 직접 투자하는 것과 주식형 펀드에 투자하는 것과의 차이점과 비슷하다. 펀드는 기본적으로 시장 전체의 수익률을 따라간다. 직접 투자는 시장이 전체적으로 하락할 지라도 수익을 내는 경우가 생긴다. (물론, 그 반대의 경우도 생긴다.) 직접 투자는 투자를 하는 투자자의 투자 역량과 투자 목적에 따라서 투자수익이 좌우된다.

주식 직접투자와 마찬가지로 채권 직접투자의 경우, 채권형 펀드에 투자하는 것 보다는 많은 공부가 필요하다. 하지만, 그 공부라는 것이 주식투자 만큼 복잡하지 않다. 채권 직접투자에 있어서 중요한 것은 본인의 수익목표와 위험 상한선을 잘 설정하는 것이다. 즉, 채권 투자를 통해 어느 정도 수익을 낼지를 명확하게 설정하고, 채권의 신용등급을 분석하여 위험 상한선을 설정한 후, 그에 맞는 채권을 찾기만 하면 되는 것이다.

채권을 직접 투자하기 위해서는 주식 투자와 마찬가지로 증권사의 계좌가 필요하다. 증권사의 계좌 개설을 마쳤다면, 온라인, 모바일을 통해 거래를 할 수 있고, 증권사 창구에 직접 가서 주문을 낼 수도 있다. 증권사 트레이딩 시스템을 통해서 거래 채권을 모두 조회할 수 있으며 채권의 만기와 신용등급도 모두 확인할 수 있다. 매매할 채권을 정했다면, 주식을 사고 팔 듯 채권도 사고 팔 수 있다.

채권 직접투자가 어렵다면, 채권 투자를 간접적으로 경험할 수 있는 채권형 펀드를 이용하는 것도 투자 초보자에게는 좋은 방법이다. 책이나 이론 공부만을 가지고는 시장의 흐름을 알기가 어렵다. 시장의 흐름을 알기 위해서는 직접 체험해 보는 것이 방법이다.

# 채권 투자의 본질적 특성

주식형 자산과 비교할 때, 채권형 자산의 본질적 특성은 '안정성과 유동성'이다. 이에 비해 채권형 자산과 비교할 때, 주식형 자산의 본질적 특성은 '변동성과 수익성'이라고 볼 수 있다. 채권이 안정적인 성격의 투자자산이라면, 왜 앞서 설명한 바와 같이 저축은행 후순위채권이나 동양그룹 회사채에 투자하여 피해를 보는 사람들이 발생했을까? 여기서 두 사건의 피해자들 모두 채권에 대한 이해도가 떨어지는 개인이라는 것에 주목해야 한다. 두 사건에서 채권에 대한 기본적인 지식과 투자경험이 풍부한 기관투자자들의 피해는 거의 없었다.

투자라는 것은 기본적으로 위험이 따른다. 따라서 그 위험을 알고 감수할 때 투자를 집행하는 것이다. 그런데, 두 사건으로 피해를 본 개인투자자들은 위험에 대한 감수를 하고 투자를 했다기 보다는 위험하지 않은 투자처 중에서 수익이 높은 것 만을 찾았기 때문에 나쁜 결과를 초래한 것이다. 쉽게 설명하면, 본인이 위험을 분석하는 과정 없이 금융상품을 파는 직원들의 말만 믿고 투자했다가 낭

패를 본 사례라는 것이다.

생활 투자는 투자 대상에 대해서 본인 스스로가 분석하고 투자에 접근하는 것이 기본이다. 어떤 채권의 수익률이 좋다면, 왜 수익률이 좋은지에 대해서 스스로 고민해 보고, 그에 따른 위험을 감수할 만 하다고 판단했을 때, 투자를 집행하는 것이다. 따라서, 주식투자처럼 채권 투자도 투자 대상에 대한 스스로의 연구가 필요하다.

한여름 피서철이 되면 물놀이를 하다가 사망한 사람들의 뉴스가 보도되고는 한다. 그렇다면, 물놀이는 위험하고 하지 말아야 할 것으로 일반화 할 수 있는가? 그렇지 않다. 물놀이를 하다가 사망한 사람들은 급류에 대한 위험을 생각하지 않고 물놀이를 진행하다가 사고를 당하는 경우가 많다. 위험에 대해서 스스로가 분석하지 못했거나, 위험하다고 경고하고 있는데도 그것을 무시하고 물놀이를 진행한 경우에 해당된다. 하지만, 위험에 대한 인지를 하고 본인이 감수할 수 있는 범위 내에서 안전하게 물놀이를 한다면 물놀이는 절대 위험하지 않다.

채권 투자도 마찬가지이다. 스스로 공부하여 위험에 대한 분석을 하고 그 위험을 감수할 만한 준비를 하면 채권 투자는 매우 안정성이 높은 투자이다. 위험을 감수할 만한 준비를 한다는 것은 위험을 대비하여 투자를 진행한다는 것과 같은 의미가 된다. 채권 투자는 주식투자에 비해서 변동성이 작기 때문에 위험을 다루기가 훨씬 쉽고, 이렇게 채권 투자를 하다 보면 안정적인 투자수단으로써의 채권투자에 눈을 뜨게 될 것이다.

채권 자산의 본질은?

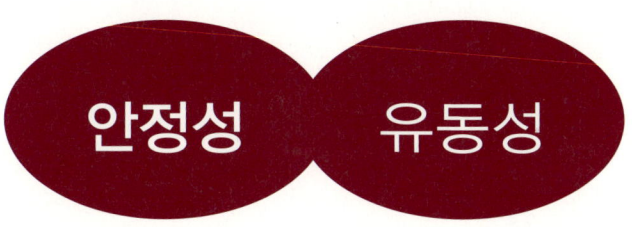

5장

채권가격과
수익률

돈의 기능은 크게 세가지로 나누어 볼 수 있다. 첫째는 재화나 서비스에 대한 교환의 수단이고, 둘째는 물건의 가격을 측정하는 측정의 수단이며, 마지막으로 현재의 구매력을 미래로 이전시켜주는 가치저장의 수단이다. 돈의 이러한 기능 때문에 화폐의 발달과 더불어 자본주의가 발달한 이유가 되었다.

화폐가 없던 물물교환 시대에는 여러 가지 다른 물품에 대한 가치를 측정하기가 어려웠다. 예를 들어 이런 식이다. 염소 두 마리를 가진 사람이 송아지 한 마리를 가진 사람에게 가서 흥정을 하고 염소 두 마리와 송아지 한 마리를 맞교환 한다든지, 감자 한 자루를 가진 사람이 쌀 한말을 가진 사람에게 가서 흥정을 하고 이를 맞교환 한다든지 하는 것이 물물교환이다.

위와 같은 물물교환 방식의 경우, 자신이 가진 물건에 대한 가치 측정이 정밀하지 않기 때문에 그때그때의 상황에 따라서 가치가 달라진다. 또한, 주로 생활필수품 위주로 교환이 이루어지기 때문에 물물교환의 범위가 제한적일 수 밖에 없다. 화폐는 이러한 불편함을 보완하기 위해 탄생했으며, 화폐의 발달과 함께 재화나 서비스의 가치를 측정하는 데에 있어서 편리하게 되었다.

돈의 기능 중 '가치 저장'의 기능은 자본주의 발달에 큰 영향을 미쳤다. 물물교환 시대에는 많은 식량을 가진 부자가 그 부를 자식에게 물려주기 어려웠다. 식량이라는 것이 무한하게 보존할 수 있는 것이 아니기 때문이다. 하지만, 부자가 가진 식량을 돈으로 바꾸면, 기간에 구애를 받지 않고 그 가치를 저장할 수 있다. 돈은 현재의 구매력을 저장하여 미래에 구매력으로 만들 수 있으며, 채권 역시 돈의 이러한 기능 때문에 발생한 투자의 수단이다.

사랑도 열정적일 때
저장했다가 미래에
꺼내 쓸 수는 없을까?

돈의 절대적인 가치, 금리

　　금리(이자율)의 사전적 의미는 돈을 빌릴 때 지불하는 값을 말한다. 금리는 자금시장에서 구체적으로 거래되고 있는 자금의 사용료 또는 임대료이다. 자금을 대출할 때는 대출해 주는 사람이 차용하는 사람에게 사용료를 부과하고 있는데, 그 외에도 대출에 소요되는 각종 수수료, 위험부담을 위한 보험료, 원금을 반환할 시기의 화폐가치 하락에 대한 손실에 대비하는 보상금 등을 부과하기도 한다. 금리에는 이처럼 네 가지 요소가 있는데, 그 가운데에서도 자금의 사용료인 금리만을 가리켜서 순수금리라 하는데, 그것은, 금리의 가장 본질적인 것이다. 자금의 수요와 공급의 관계에서 정해지는 금리가 주로 이 부분이다.

　　그렇다면, 돈을 빌리는데 왜 사용료를 부과할까? 첫째, 물가상승률 때문이다. 경제가 계속 발전한다고 가정하면, 매년 물가가 상승하게 된다. 따라서 현재의 1만원이 1년 후의 1만원 보다 가치가 높으며, 현재의 1만원을 빌려가서 1년 후에 1만원을 상환한다면, 돈을 빌려주는 사람 입장에서는 불합리하다. 둘째, 돈의 생산력 때문이다. 경제학적으로 돈(자본)은 노동, 토지와 함께 생산력의 원천이며, 노동력을 사용할 때 임금을 지급하고 토지를 사용할 때, 지료를 지급하는 것처럼 돈을 사용할 때도 사용료(이자)를 지급하는 것이 마땅하다.

그렇다면 금리의 개념은 언제부터 생겨났을까? 현재 남아있는 기록에 따르면 인류 최초의 국가가 생긴 것은 메소포타미아 문명인데, 기원전 5천년 경부터 문자를 사용하는 역사시대가 열렸다. 메소포타미아 지역에 기원전 3,500년 전부터 수메르인들이 들어와 살기 시작했는데, 진흙 벽돌에 수메르인들이 기록한 것에 따르면, 수메르인들은 보리를 빌려갔을 때, 1년 후 빌려간 보리에 삼분의 일에 해당하는 이자를 추가로 지급했다. 즉, 금리에 대한 개념을 사용한 것은 이미 5천년 이상 된 것으로 추정할 수 있다.

중국의 경우, 약 3천년 전인 중국의 춘추전국시대(BC 8세기~BC 3세기)의 기록에 따르면 생산을 위해 돈을 빌리는 경우에는 연리 10~20%를 지급하고, 장례를 위해 돈을 빌리는 경우에는 3개월 이내에 상환할 경우 무이자로 돈을 빌릴 수 있었다.

우리나라의 경우, 조선시대 이전에도 금리의 개념이 있었을 것으로 추정되지만, 기록으로 남아있는 것은 조선 건국 초기에 수도를 한양으로 이전할 때 공채를 발행하여 자금을 조달한 기록이 남아있다. 이 때 공채의 금리는 중국과 마찬가지로 연 10~20% 수준이었다.

금리는 어떻게 결정될까?

고전학파이론에서는 이자율이 근본적으로 저축의 공급과 투자수요와 같은 실물요인에 의존함으로써, 통화량과 이자율은 독립적이었다. 그러나 케인즈는 유동성 선호설을 통해 통화량과 경제전망에 의하여 크게 영향을 받는 유동성선호가 이자율을 결정하고 이것이 실물부문에 큰 영향을 주는 요인으로 설명하고 있다.

유동성 선호설에 따른 금리 결정요인을 쉽게 설명하면, 금리는 '유동성을 포기한 대가'로 결정되며, 이것은 유동성을 포기한 기간에 따라 다르다는 것이다. 즉, A가 B에게 돈을 빌려줄 때, 한달간 빌려주는 것과 1년간 빌려주는 것은 금리의 차이가 있는데, 차이의 이유는 한달간 유동성을 포기하는 것과 1년간 유동성을 포기하는 것의 차이만큼 금리도 차이가 있어야 하기 때문이다. 유동성 선호설은 만기가 긴 채권의 이자율이 만기가 짧은 채권의 이자율 보다 높은 것의 이론적 배경이 되었다.

이 후, 고전학파는 대부자금설을 발표하여 대부자금의 수요와 공급이 일치하는 지점에서 금리가 결정된다고 주장하였다. 그러나 케인스의 이론에 있어서 저축과 투자는 소득 수준의 변동을 통하여 균등하게 되므로 화폐에 대한 수요, 공급이 균등하면 대부자금의 수요, 공급도 균등하게 되므로 유동성선호설과 대부자금설은 반드시 모순되는 것은 아니다.

경제 이론은 어려워

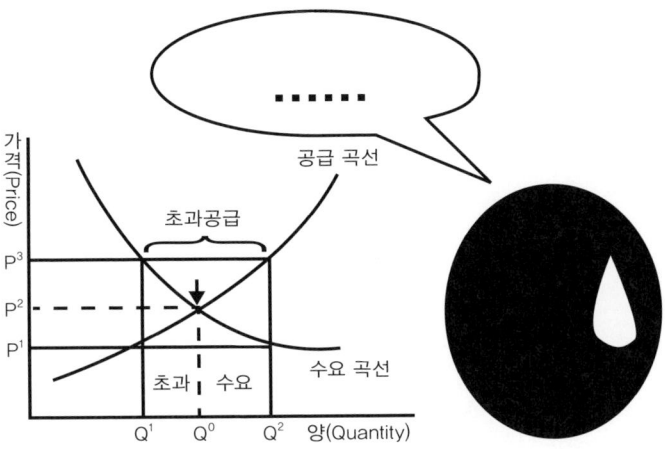

금리가 하락하는데, 왜 채권 가격이 상승할까?

　　　　　채권가격을 이해하는데 있어서 가장 헷갈리는 부분이 '금리'와 '채권가격'과의 관계이다. 뉴스에서 금리가 하락한다고 하는데, 채권가격은 반대로 상승한다고 한다. 금리가 하락하는데, 왜 채권가격은 상승할까? 금리가 하락하면 채권의 이자율도 하락하여 채권가격도 하락해야 하는 것이 아닐까?

　　채권가격과 수익률(금리)과의 관계는 채권 투자에 있어서 가장 중요한 개념이고 헷갈리기 쉬운 개념이므로 철저하게 알고 넘어가도록 해야겠다. 통상적으로 은행의 변동금리 정기예금의 경우에는 금리가 하락하면 예금금리도 하락하게 된다. 따라서 정기예금 가입시점의 금리와 다르게 금리 하락의 영향을 받아 낮은 이자를 받게 되는 것이다.

　　그런데, 채권의 경우에는 한번 발행된 채권의 조건은 바뀌지가 않는다. 예를 들어 시중금리가 3%여서 이자율 3%짜리 채권을 발행했는데, 3개월 후에 시중금리가 1% 하락하여 2%가 되었다고 하더라도 기 발행된 금리 3%짜리 채권의 이자율은 2%로 변동되는 것이 아니라 기 발행 조건 그대로 3%가 된다.

위의 채권 발행 시기와 같은 시기에 은행 정기예금 3%에 가입한 고객들의 입장에서는 3%의 이자율이 2%로 하락했으므로 기 가입한 정기예금을 계속 유지하는 것 보다는 해약하고 3%의 이자를 주는 채권으로 갈아 타는 것이 유리하므로 기 발행된 3% 짜리 채권에 대한 수요가 증가하게 되고, 채권의 가격이 상승하는 현상이 나타난다.

채권 발행시장에서 살펴보면, 시중금리가 3%일 때 3% 짜리 채권을 발행했는데, 3개월 후에 시중금리가 2%로 하락했다면, 발행기관 입장에서는 채권 발행 시 2%로 발행해도 채권을 파는데에 큰 문제가 없으므로 2% 짜리로 발행하게 된다. 그렇다면, 3개월 전에 발행한 3% 짜리 채권은 어떻게 될까?

채권을 매수하는 쪽 입장에서 보면 만기에 2% 이자를 주는 채권보다는 만기에 3% 이자를 주는 채권을 더 선호하는 것이 당연하다. 따라서, 3개월 전에 기 발행된 3% 짜리 채권에 대한 수요가 증가하게 되고 기 발행된 채권의 가격은 상승한다.

금리가 상승하는데, 왜 채권 가격이 하락할까?

　　　　　　금리가 하락한다는 것은 경기가 나쁘다는 신호이다. 앞서서 금리가 하락하면 채권 가격이 상승한다고 했는데, 반대로 경기가 호전되어 금리가 상승하게 되면 채권가격은 하락하게 된다. 앞서 설명한 것과 동일한 개념이지만, 매우 중요한 개념이므로 한번 더 자세하게 설명해 보도록 한다.

　　통상적으로 은행의 변동금리 정기예금의 경우에는 금리가 상승하면 예금금리도 상승하게 된다. 따라서 정기예금 가입시점의 금리와 다르게 금리 상승의 영향을 받아 높은 이자를 받게 되는 것이다.

　　채권의 경우에는 어떤가? 한번 발행된 채권의 조건은 바뀌지가 않는다. 예를 들어 시중금리가 3%여서 금리 3%짜리 채권을 발행했는데, 3개월 후에 시중금리가 1% 상승하여 4%가 되었다고 하더라도 기 발행된 금리 3%짜리 채권의 이자율은 4%로 변동되는 것이 아니라 기 발행 조건 그대로 3%가 된다.

　　따라서, 3% 짜리 채권을 보유하고 있는 사람 입장에서는 보유 채권을 매도하고 4% 짜리 정기예금으로 갈아 타는 것이 유리할 수 있으므로 보유 채권을 매도하고 정기예금으로 이동하려는 수요가 나타나게 된다. 이렇게 되면, 기 발행된 3% 짜리 채권의 매도자가 증가하여 채권의 가격이 떨어지는 현상이 나타나는 것이다.

채권 발행시장에서 살펴보면, 시중금리가 3%일 때 3% 짜리 채권을 발행했는데, 3개월 후에 시중금리가 4%로 상승했다면, 발행기관 입장에서는 채권 발행 시 4%로 발행해야 채권을 파는데에 문제가 없으므로 4% 짜리로 발행하게 된다. 그렇다면, 3개월 전에 발행한 3% 짜리 채권은 어떻게 될까?

채권을 매수하는 쪽 입장에서 보면 만기에 3% 이자를 주는 채권 보다는 만기에 4% 이자를 주는 채권을 더 선호하는 것이 당연하다. 따라서, 3개월 전에 기 발행된 3% 짜리 채권을 팔고 새로 발행된 4% 짜리 채권을 매수하고자 할 것이므로 기 발행된 채권의 매도가 증가하게 되어 채권의 가격은 하락하게 된다.

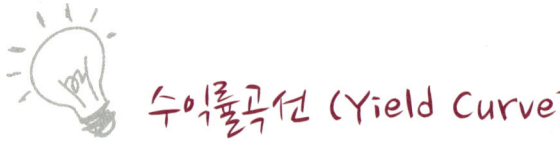

수익률곡선 (Yield Curve)

　　　　　　같은채권이라도 만기에 따라 이자율은 다르게 나타나는데, 채권의 만기와 만기수익률의 관계를 나타낸 것이 수익률곡선(yield curve)이다. 수익률곡선은 일반적으로 채권의 만기가 길수록 해당 수익률이 높아지는 우상향의 모습을 보이나 상황에 따라서는 우하향 또는 수평의 형태를 보이기도 한다. 일반적으로 특정 채권의 수익률곡선 형태는 소위 무위험자산이라고 불리는 정부채의 만기수익률에다 그 채권의 고유한 신용리스크, 유동성리스크 등에 대한 프리미엄이 가미돼 결정된다.

　수익률곡선의 방향은 다른 조건이 일정하다면 기본적으로 미래의 단기이자율에 대한 예상에 의해 결정된다. 예를 들어 앞으로 5년간 1년짜리 단기이자율이 연평균 4%로 예상된다면 5년 만기 채권의 이자율은 연 4%가 된다. 경제주체들이 미래의 단기 이자율이 현재와 같을 것이라고 예상한다면 수익률곡선은 수평이 되고 현재의 단기 이자율 이상으로 상승할 것으로 예상한다면 우상향한다.

　이와 달리 미래의 단기 이자율이 현재의 단기 이자율 이하로 하락할 것으로 예상한다면 수익률곡선은 우하향하게 된다.

　이러한 수익률 곡선은 금융시장이 앞으로의 경기 전망을 어떻게 보고 있는가를 시사해 준다. 이자율과 경기는 같은 방향으로 움직이는 경향이 있기 때문에 수익률곡선이 우상향의 기울기를 보인다면 시장참가자들이 앞으로 이자율의 상승 즉, 경기의 확장을 예상하고 있으며, 반대로 수익률곡선이 우하향한다면 경기가 수축할 것으로 예상하는 투자자가 많다는 것을 의미한다.

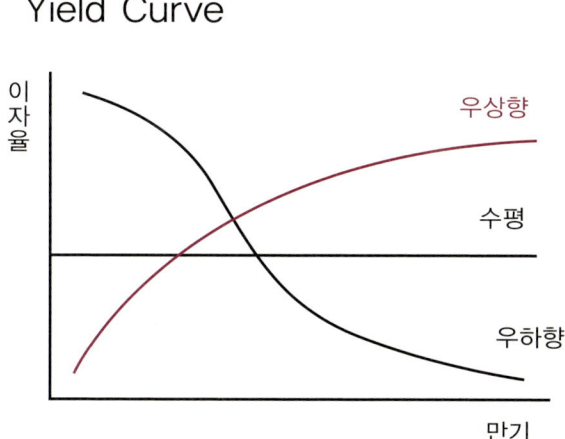

채권 신용도와 수익률

　　　　　　채권 신용평가란, 채권등급 평가기관이 개별 채권의 원금과 이자가 약속대로 상환될 가능성 정도를 판정하고, 이해하기 쉬운 기호나 문장으로 판정 결과인 채권의 등급을 투자자에게 전달하는 것을 말한다. 채권등급평가는 개별 채권의 위험정도를 투자자에게 전달하는 것이지 투자대상 유가증권을 추천하거나 채권의 가격을 평가하는 것은 아니라는 점이 중요하다.

　일반적으로 채권의 매매가 수요와 공급의 시장원리에 의해 이루어지는 채권시장에서는 위험이 낮은 채권은 높은 가격으로, 위험이 높은 채권은 낮은 가격으로 거래가 이루어진다. 따라서 채권 신용평가는 채권시장에 있어서 투자자가 위험과 기대수익을 대응시켜 포트폴리오를 구성하는데 이용할 수 있는 위험에 관한 정보라 할 수 있다.

회사채 (3년 이상)	CP (1년 이하)	투자 적격 여부
AAA		투자적격등급
AA (+, 0, −)	A1	
A (+, 0, −)	A2 (+, 0, −)	
BBB (+, 0, −)	A3 (+, 0, −)	
BB (+, 0, −)	B (+, 0, −)	투기등급
B		
CCC		준부도

여기서 채권 신용등급이 높아지면, 수익률은 낮아지고 채권 신용등급이 낮아지면 수익률은 높아지게 된다. 신용등급이 높은 채권은 신용등급이 낮은 채권에 비해 위험이 낮고, 신용등급이 낮은 채권은 신용등급이 높은 채권에 비해 위험이 높다. 위험이 높은 투자 자산의 기대수익률이 높기 때문에 신용등급이 낮은 채권의 수익률은 높고, 위험이 낮은 투자 자산의 기대수익률은 낮기 때문에 신용등급이 높은 채권의 수익률은 낮게 형성된다.

채권의 잔존만기란, 채권 매수일로부터 채권의 만기 원금 상환일까지의 기간을 말한다. 채권의 잔존만기가 중요한 이유는 채권 투자 시 잔존만기에 따라서 채권의 투자기간과 수익률을 가늠할 수 있기 때문이다. 채권의 기간별 구성을 보면, 채권 발행시점부터 채권매수시점까지는 경과기간이라고 하고, 채권 매수시점부터 만기일까지는 잔존기간이라고 한다.

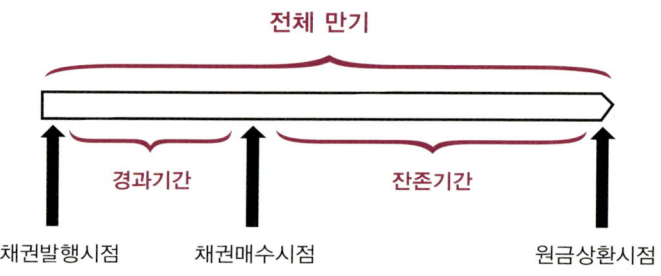

채권의 전체 만기나 경과기간 보다는 잔존만기가 중요한 이유는

채권의 현재 시점의 가치를 결정하는데 중요한 역할을 하기 때문이다. '만기수익률'이란 현재 시점부터 만기일까지 채권을 보유하였을 때 얻을 수 있는 수익률을 뜻하며, 채권의 잔존만기를 놓고 만기수익률을 판단할 수 있다.

예를 들어, A사의 채권을 수수료 포함하여 10만원에 매수했는데, 잔존만기가 90일이고 만기일에 A사로부터 받을 수 있는 원금과 이자가 총 101,000원이라고 가정해 보자. 그렇다면, 만기수익률은 얼마가 될까?

채권을 현재 시점에서 10만원에 투자하여 90일 이후에 '10만원+1천원'을 받는 구조이므로 투자수익은 1천원이고, 90일만에 회수하였으므로 이것을 기간으로 환산해보면, 년 환산수익률은 약 4%가 된다. (년 환산수익률 : 1천원 × 365일 ÷ 90일 ÷ 100,000 = 4%)

이러한 경우, A사의 채권의 안정성이 높고, 3개월 이내에는 주식투자 등을 하지 않을 것으로 보이며 현재 자금을 운용하고 있는 곳의 수익률이 2% 수준으로 4% 보다 낮다고 한다면, A사의 채권을 10만원에 매수하는 의사결정을 할 수 있는 것이다.

조삼모사

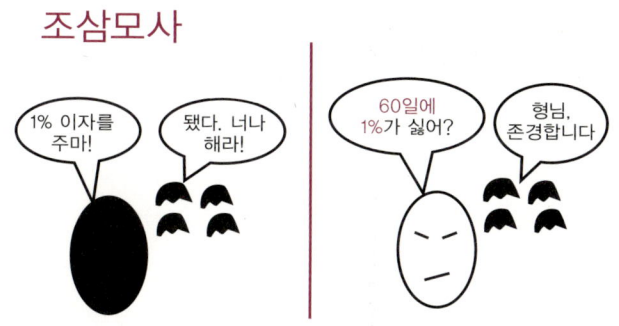

6장

전환사채와 교환사채

하이브리드 투자 상품

직장인 이모씨는 '지구 환경 보호'에 관심이 많다. 그는 자동차를 바꿀 때가 되었고, 석유 소비를 적게 하여 환경오염을 줄일 수 있는 하이브리드(Hybrid, 특정한 목적을 달성하기 위해 두 개 이상의 기능이나 요소를 결합한 것. 서로 다른 요소의 장점만을 선택해 합친 것으로 성능이나 경제성이 뛰어나다. 대표적인 하이브리드 제품으로는 일안반사식(DSLR) 카메라와 디지털카메라의 장점을 결합한 하이브리드 카메라 그리고 전기모터와 엔진을 사용하여 효율을 높인 하이브리드 자동차가 있다.) 자동차에 관심을 갖고 알아보았다. 하이브리드 자동차의 장점은 다음과 같다.

첫째, 2개의 동력(전기모터와 엔진)을 사용하므로 연료소모가 적어 연비가 일반 자동차에 비해 우수하다. 둘째, 하이브리드 자동차는 일반자동차에 비해 유해가스량을 90%까지 줄일 수 있어 친환경적이다. 셋째, 저속전기모터 사용시 승차감이 뛰어나다. 넷째, 개별소비세, 등록세, 교육세, 취득세, 주차장 할인 등 정부지원을 받을 수 있다. 마지막으로 일반 가솔린 자동차들에 비해 엔진 사용빈도가 적어 엔진소모품 교환시기가 약간 더 길다.

그렇다고, 하이브리드 자동차에 단점이 없는 것은 아니다. 하이브리드 자동차의 단점은 다음과 같다.

첫째, 부품의 갯수가 일반 가솔린 자동차에 비해 많고 무게가 더 나가기 때문에 고장날 확률이 일반 가솔린 자동차에 비해 높다. 둘째, 배터리의 수명이 다되면 교체를 해야 한다. 셋째, 트렁크가 일반 가솔린 자동차에 비해 작고, 변속타이밍이 약간 늦다. 넷째, 전기모터에서 가솔린으로 변속될 때 약간의 덜컹거림이 있다.

이모씨는 환경 오염 문제를 생각하면 완전한 전기차를 구입하고 싶었으나 전기차는 국내에 충전소의 인프라가 약하여 매우 불편할 것으로 판단했다. 가솔린 자동차는 전국 곳곳에 주유소가 있기 때문에 차량을 운행하는데, 전혀 문제가 없고, 차량이 고장이 나도 편리하게 정비를 받을 수 있다는 장점이 있다. 그는 고민 끝에 전기자동차의 장점과 가솔린 자동차의 장점을 결합한 하이브리드 자동차를 구입하기로 결심했다.

최근 여러 가지 제품의 장점을 결합한 하이브리드 제품이 늘고 있다. 앞서 설명한 자동차를 비롯하여 카메라와 태블릿, 냉장고 등 가전제품에 이르기 까지 많은 제품들이 하이브리드를 표방하고 있다.

전환사채와 교환사채는 투자 목적의 채권으로써 대표적인 하이브리드 상품에 속한다. 앞서 설명한 바와 같이 주식과 비교한 채권의 특성은 '안정성과 유동성'이고, 채권과 비교한 주식의 특성은 '수익성과 변동성'이다. 전환사채와 교환사채는 채권과 주식의 특성 중 장점만을 혼합한 것이다.

채권처럼 만기일에 상환을 받을 수가 있어서 채권 발행회사가 망하지만 않는다면 주식에 비해서 안정성이 높을 뿐더러 주가가 상승하게 되면, 이 채권을 주식으로 바꾸어 시세차익을 실현할 수 있는 것이다. 물론, 주가가 상승하지 않고 하락하면 채권으로 계속 보유하여 만기일에 상환을 받으면 된다. 즉, 원금에 대한 안정적인 보존을 함과 동시에 기회를 봐서 시세차익까지 얻을 수가 있는 투자인 것이다.

전환사채나 교환사채는 발행대상을 사적으로 정해놓고 발행하는 사모(私募, 새로 주식이나 사채를 발행할 때에 널리 일반으로부터 모집하지 않고, 발행회사와 특정한 관계가 있는 곳에서 모집하는 것을 뜻하며, 비슷한 말로 이 공모발행, 연고 모집 등이 있다.)의 형태일 경우가 많으나, 일반 투자자들을 대상으로 공모(公募, 새로 주식이나 사채 따위를 발행할 때에 특정 거래처나 은행 등을 통하지 아니하고 다수의 일반으로부터 모집하는 것을 뜻한다.)를 하는 경우도 있기 때문에 관심을 갖고 정보를 수집하다 보면, 투자 기회를 잡을 수가 있다.

섞다 보면 하이브리드가 될까?

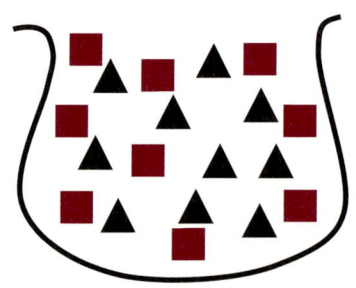

전환사채의 이해

코스닥 상장사인 H사는 2015년 6월, 150억 원 규모의 '전환사채(CB, Convertible Bond)'를 발행하여 게임 개발과 게임 유통 사업에 투자한다고 공시했다. 이 회사는 효율적인 기업 활동 및 운영자금 마련을 목적으로 150억 원 규모의 전환사채를 발행한다고 밝혔다.

전환사채 발행 대상은 'H 자산운용'과 'S 파트너스', 'S 투자자문' 등 3개 투자 전문기관이다. 발행하는 전환사채의 표면 및 만기이자율은 모두 0%이며, 전환가액은 약 9,500원이다. 전환사채의 만기일은 향후 5년이다.

H사는 CB 발행을 통한 150억 원의 운영자금을 기반으로 한층 강화된 사업 확장을 꾀할 것으로 보인다. 자금의 주요 사용처는 검증된 유력 게임 지적 재산권을 가진 개발사나 개발팀을 M&A하거나 게임을 유통하는 비용에 쓰일 예정이다.

전환가액을 비롯해 이자율 0%의 무이자라는 파격적인 조건도 관심을 끄는 부분이다. 전환사채발행에 참여한 전문기관이 동사의 향후 미래를 밝게 보고 있다는 것을 말해주기 때문이다. 회사 측은 "올 한 해도 흥미진진한 아이디어와 게임성을 잘 접목시킨 신선한 라인업들을 다수 공개하여 치열하게 전개되고 있는 모바일 게임 시장에서 전체적인 매출 및 영업이익을 확대해 나갈 방침"이라며 "이번 전환사채 발행을 기점으로 기업의 가치를 향상시킬 다양한 프로젝트를 진행해 한층 탄력 있는 성적표를 제시하도록 노력할 계획"이라고 밝혔다.

〈공시 및 신문기사 중 발췌〉

위의 기사를 분석해 보면, 다음과 같은 것을 알 수 있다.
① H사는 150억원의 사업 자금을 조달함에 있어서 은행 차입이나 주식발행 (유상증자)을 하지 않고 전환사채를 발행할 계획이다.
② 전환사채 발행 방법은 사모발행으로 하여, 일반투자자들에게는 배정하지 않는다.
③ 전환사채의 표면이자율은 0% 이고, 만기보장이자율도 0%이다. 따라서 이 회사가 망하지 않는 한, 5년 후 만기일이 되면 원금을 상환 받을 수는 있으나 투자원금에 대한 이자는 지급 받을 수가 없다.
④ 이 회사는 150억원의 자금을 조달하여 사업을 확장할 계획이므로 향후 매출액이 증가할 것으로 예상된다. 따라서, 투자자들은 이 회사의 주가가 전환사채의 주식 전환가액인 9,500

원 보다 상승하면 주식으로 전환하여 주식 매각이익을 기대하고 있다.
⑤ 이 회사가 전환사채 150억원을 발행하면, 부채가 150억원이 증가함에 따라, 부채비율이 증가하여 자산건전성이 떨어진다.

전환사채 투자자의 입장에서 보면, 이 전환사채 투자는 주식투자보다는 원금에 대한 안정성이 높으면서 H사의 주가가 상승할 경우, 보유하고 있는 전환사채를 주식으로 전환하여 시세차익을 노려 볼 수 있는 투자의 좋은 수단이 된다.

전환사채는 만기일 이내에 언제든지 주식으로 전환할 수가 있기 때문에, 시세차익을 볼 수 있는 기회를 얻기 위한 기간이 5년이면 짧은 기간이 아니다. 하지만, 그 반대로 사채의 만기가 5년으로 길기 때문에 H사가 중장기적으로 성장할 가능성이 괜찮은 것인지, 혹시 5년 동안 회사가 어려워져서 전환사채 상환이 어렵지 않을 것인지에 대해서 꼼꼼한 분석을 한 후 투자를 결정해야 한다.

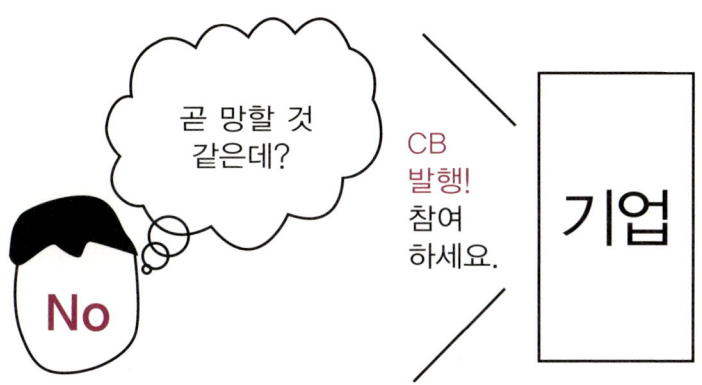

전환사채 전환가액 조정

2015년 2월, D제철은 기 발행한 전환사채의 전환가액을 조정한다고 공시했다. 전환사채는 발행 시, 발행대상자가 발행회사와의 계약을 통해 전환사채의 주식 전환가액을 조정할 수도 있다. 전환가액에 대한 조정은 계약서에 근거하지만, 상장사의 경우, 아래의 사례와 비슷하게 통상적인 절차를 따른다.

〈D제철의 사례 : 공시내용〉

본 사채의 발행일 다음날부터 전환 청구전까지 발행회사가 당시의 전환가격(보호에 의한 조정이 있었던 경우 조정된 전환가격)과 시가 중 높은 가격(이하 "기준가")을 하회하는 발행가액으로 유상증자, 주식배당, 준비금의 자본전입을 함으로써 신주를 발행하거나, 기준가를 하회하는 최초의 전환가격 또는 행사가격으로 주식관련사채를 발행하는 경우, 다음과 같이 전환가격을 조정하기로 한다.

다만 유상증자와 무상증자를 병행하여 실시하는 경우, 유상증자의 1주당 발행가액이 기준가를 상회하는 때에는 유상증자에 의하여 발행된 신주에 대하여는 전환가격 조정을 적용하지 아니하고, 무상증자에 의하여 발행된 신주에 한하여 전환가격 조정을 적용하기로 한다. 본항에 따른 전환가격의 조정일은 유상증자, 주식배당, 준비금의 자본전입 등으로 인한 신주의 발행일로 한다.

★ 조정 후 전환가격 = 조정 전 전환가격 x {(기 발행 주식수 + 신 발행 주식수 x 1주당 발행가격 ÷ 시가) ÷ (기 발행 주식수 + 신 발행 주식수)}

공시내용을 보면 복잡해 보이지만, 이것을 단순하게 해석해 보면 다음과 같이 핵심적인 내용을 판단할 수 있다.

① 전환가격은 전환사채 발행 시 전환사채 인수계약에 근거하여 조정이 가능하다.
② 위 사례에서 살펴본 바와 같이 전환가격은 통상적으로 상향되지는 않고, 조건에 따라서 하향된다. 즉, 전환사채 투자자들의 전환가격을 보호해 주기 위해서 전환사채 투자 후, 발행기업이 추가로 유상증자를 하거나 주식 관련 사채를 발행하였는데, 전환가격보다 낮게 발행할 경우 전환가격을 하향 조정한다.
③ 조정 후 전환가격은 일정한 산식에 의해 계산된다.

전환사채 투자자들이 기업의 전환사채에 투자를 할 때, 체크해야 할 사항은 첫째, 원리금을 상환 받는 데에 있어서 발행기업이 얼마나 안정적이냐 하는 부분이므로 계속 기업으로 존속할 수 있을지에 대한 여부를 판단해야 한다. 둘째, 전환사채를 주식으로 전환하여 시세차익을 얻을 수 있을 지도 중요하기 때문에 전환가액이 기업의 미래가치 대비해서 저평가가 되어 있느냐 하는 부분을 잘 판단해야 한다.

하지만, 전환가액이 다소 높게 책정되었다고 한다면, 계약서에 의거하여 추후 유상증자나 주식 관련 사채 등의 발행가액과 연동하여 전환가액이 낮아질 가능성이 있는지 체크하고 투자에 임하는 것이 좋다.

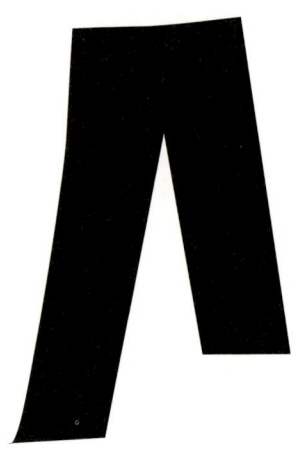

바지가 길다면?
줄이면 되지!

발행기업 입장에서 본 전환사채

발행기업이 자금을 조달할 때, 유상증자를 통해 주식을 발행하면, 자본금이 증가하게 되어 자기자본이 늘어나게 된다. 발행기업이 자금을 조달 할 때, 전환사채를 발행하게 되면 부채가 증가하게 된다. 발행기업 입장에서는 전환사채를 발행하는 것 보다 주식을 발행하는 것이 자본의 건전성 측면에서 유리하다.

○○주식회사

총자산 20 억	부채 10 억
	자본 10 억

주식 5억원 발행

| 총자산 25 억 | 부채 10 억 |
| | 자본 15 억 |

전환사채 5억원 발행

| 총자산 25 억 | 부채 15 억 |
| | 자본 10 억 |

　○○주식회사의 사례를 살펴보자. 자금조달 이전 재무제표를 보면, 총자산이 20억원인데, 자산의 구성이 부채 10억원, 자기자본 10억원으로 되어 있었다. 이때, 부채비율(부채자본비율, 즉 대차대조표의 부채총액을 자기자본으로 나눈 비율〈부채총액/자기자본〉. 타인자본의 의존도를 표시하며, 경영분석에서 기업의 건전성의 정도를 나타내는 지표로 쓰인

다. 기업의 부채는 적어도 자기자본 금액 이하인 것이 바람직하므로 부채비율은 100% 이하가 이상적이다.)은 100%이다. 5억원의 자금조달을 하게 되면 총자산이 20억원에서 25억원으로 증가하게 되는데, 주식으로 발행할 경우에는 자기자본이 10억원에서 15억원으로 증가하게 되어 부채비율이 100%에서 66.7%로 낮아지게 되며 자산건전성이 좋아진다.

하지만, 5억원의 자금조달을 하면서 전환사채로 발행하게 되는 경우에는 부채가 10억원에서 15억원으로 증가하게 되고, 부채비율은 100%에서 150%로 증가하게 되어 OO주식회사의 자산건전성은 이전보다 안좋아진다. 전환사채는 상환 의무가 있는 타인자본이기 때문에 부채로 인식된다.

기업가치가 좋아지고, 기업의 주가가 상승하게 되면 보유 중인 전환사채를 주식으로 전환하여 시세차익을 얻을 수 있기 때문에 전환사채 전환 시에는 부채가 15억원에서 10억원으로 줄어들고 자기자본이 10억원에서 15억원으로 증가하게 되어 부채비율이 150%에서 66.7%로 낮아진다.

전환사채 5억원 주식 전환

총자산 25 억	부채 10 억
	자본 15 억

교환사채의 이해

　　　　　교환사채는 전환사채와 비슷한 것 같지만, 다르다. 전환사채를 투자한 투자자가 전환사채를 주식으로 전환할 경우에는 사채권이 없어지고 전환사채를 발행한 회사의 주식을 받게 된다. 하지만, 교환사채를 투자한 투자자가 교환사채를 주식으로 교환할 경우에는 사채권이 없어지는 것은 동일하지만, 받는 주식은 발행회사의 주식이 아니라 발행회사가 보유하고 있었던 제3의 주식이 된다. 이 점이 교환사채와 전환사채의 큰 차이점이다.

　교환사채(Exchangeable Bonds)는 EB로 약칭된다. 상장법인이 이사회의 결의에 의하여 발행하는 회사채의 한 종류로서 교환사채 주식 교환 시, 교환사채와 발행회사가 보유한 제3의 기업의 주식과 교환된다. 이 때, 교환시 발행회사의 자산과 부채가 동시에 감소하는 특징이 있다. 발행회사가 보유하는 교환대상 유가증권은 상장유가증권으로 제한하고 있으며 증권예탁원에 예탁을 의무화하고 있다.

주식회사 OO

총자산 1천억 (A주식 2백억원 보유)	부채 5백억
	자본 5백억

교환사채 2백억원 발행

총자산 1천2백억 (A주식 2백억원 보유)	부채 7백억
	자본 5백억

    주식회사OO의 사례를 살펴보자. 주식회사OO은 총자산 1천억원 중 상장주식인 A회사의 주식을 2백억원어치 보유하고 있었다. 이 A회사 주식을 가지고 교환사채 200억원을 발행하게 되면 총자산은 1천2백억원으로 늘어나게 되고, 부채가 5백억원에서 7백억원으로 증가하게 되어 부채비율은 100%에서 140%로 증가한다. 교환사채 발행도 전환사채 발행과 마찬가지로 자산건전성이 안좋아진다.

교환사채 주식 교환

총자산 1천억	부채 5백억
	자본 5백억

　교환사채 보유자가 교환사채를 A주식으로 교환하고자 하여, 교환사채가 주식으로 교환되면 부채는 7백억원에서 5백억원으로 줄어들고 주식회사OO이 보유하고 있던 A회사 주식은 교환사채 투자자의 소유로 바뀌게 된다.

　전환사채를 주식으로 전환할 경우에는 총자산이 감소하지 않고 부채가 자기자본으로 바뀌어 자산건전성이 매우 좋아지는 것에 비해 교환사채가 주식으로 교환될 경우에는 부채가 감소하는 것은 동일하나 그와 동시에 총자산도 감소하게 되어 부채비율은 교환사채 발행 이전 수준으로 회귀한다.

　앞서 전환사채의 전환가격 조정에 대해서 설명하였는데, 교환사채 역시 교환권이 행사되기 전에 교환대상주식의 발행회사가 주식을 추가로 발행하는 경우에는 교환가격을 조정해주어야 한다. 이는 전환사채와 마찬가지로 교환사채 인수계약서에 근거하여 일정 산식을 통해 교환가격 조정이 이루어지게 된다. 교환권이 행사되면 증권예탁원은 교환사채권을 발행회사에 제출하고 교환주식을 계좌대체 방식으로 교환사채권자에게 교부하는 과정을 거친다.

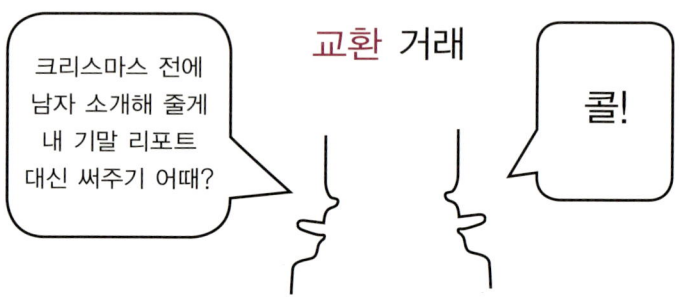

교환사채 발행 사례

　　2015년 6월, 코스닥 상장사 W사는 대출금 상환과 운영자금 사용을 위해 150억원의 자금을 조달한다고 발표했다. 금융감독원 전자공시에 따르면 W사는 총 150억 원 규모의 자금조달을 추진하고 있는데, 세부적으로 100억원어치의 전환사채와 50억원어치의 교환사채를 특정 기관투자자를 대상으로 발행할 계획이라고 공시했다.

　　전환사채의 만기는 5년이고, 표면금리 1%, 만기이자율 3%짜리 상품이며 전환사채 발행일로부터 1년 후부터 주식으로 전환 가능하다. 교환사채의 표면금리는 0%, 만기이자율 1%로 전환사채 보다는 불리하지만 교환사채의 교환가액이 전환사채의 전환가액보다 7% 정도 낮고, 교환청구도 사채 발행 이후부터 즉시 가능하다.

　　앞서, 교환사채를 교환 시 투자자가 받게 되는 주식이 발행회사가 아니라 제3의 상장사라고 했는데, 이 회사는 보유 중인 자기주식을 가지고 교환사채를 발행했다. 교환사채의 발행회사가 상장사이기 때문에 자기주식도 상장회사 주식이 되고 이것을 가지고 교환사채를 발행할 수 있다.

　전환사채 주식 전환시 주식을 새로 발행하여 교부하게 되지만, 교환사채 주식 교환시 회사가 보유하고 있는 기 발행 자기주식을 교부하게 된다. 결국 전환사채 투자자나 교환사채 투자자나 사채를 주식으로 전환 또는 교환시에 받게 되는 주식은 발행회사 주식이 되지만, 전환사채는 주식을 새로 발행해서 교부하고 교환사채는 기 발행된 주식을 교부한다는 점에서 차이가 있다.

내게 남은 사랑을 드릴게요

1개는 갖고 있는 것을 드릴 수 있어요.

나머지는 만드는데 시간이 좀 걸립니다.

7장

신주인수권부사채

신주인수권부사채의 이해

〈조선일보 2015년 5월 29일자 기사〉

올 들어서만 2,265% 상승한 금융상품이 등장하면서 투자자들의 이목이 쏠리고 있다. 바로 한 제약사가 발행한 분리형 신주인수권부사채(BW) 얘기다. 이 제약사의 BW 워런트는 행사가격이 1,929원에 불과한데, 최근 실적 호전 기대감으로 해당 제약사의 주가가 급등하면서 BW도 덩달아 폭등해 행사가(1,929원) 대비 12배 넘는 가격에 거래됐다.

BW(Bond with warrant)란, 회사채 형식으로 발행되어 확정이자를 받는 '채권'과 사전에 정해진 행사가격으로 발행 회사의 주식을 인수할 수 있는 권리인 '워런트(신주인수권)'가 합쳐진 채권이다. 즉 채권 이자를 받으면서 나중에 주가가 오르면 차익도 노릴 수 있는 일석이조형 상품인 셈이다.

BW는 상대적으로 낮은 비용으로 자금을 조달할 수 있어 중소기업들의 자금 조달 수단으로 많이 사용되었다. 대기업의 경우도 금융위기가 있던 2009년 기아차가 채권 발행을 통해 낮은 비용으로 자금을 확보하고 투자자는 워런트를 통해 높은 투자수익을 얻은 사례가 있다.

이러한 순기능에도 (삼성SDS의 사례처럼) BW를 기업 오너의 지분을 관리하는 목적으로 악용하는 사례가 나타나면서 2013년 8월 이후 분리형 신주인수권부 채권의 발행이 금지되었다. 사정이 이렇게 되자, 중소기업의 자금 조달이 어려워졌기 때문에, 정부는 2015년 하반기부터는 공모에 한해 분리형 BW의 발행을 허용할 예정이다.

BW 시장이 다시 활성화되더라도 개인이 BW에 직접 투자하는 것에는 한계가 있다. BW를 공모로 발행할 경우 신용등급 평가 비용 등이 발생하기 때문에 기업 입장에서는 등급 없이 사모로 채권을 발행하는 것을 선호할 가능성이 높기 때문이다. 따라서 직접 투자보다는 채권 편입 분석 능력이 검증된 펀드를 통한 투자가 더욱 적합할 것이다. BW를 비롯, 전환사채(CB)나 교환사채(EB) 등을 편입해 운용하는 펀드가 바로 메자닌(Mezzanine, 메자닌은 건물 1층과 2층 사이에 있는 중간층을 뜻하는 이탈리아 말에서 유래한 것으로 금융에선 채권과 주식의 성격을 모두 지닌 신주인수권부사채(BW), 전환사채(CB), 교환사채(EB) 등을 말한다. 주식과 채권의 성격을 모두 가진 상품이나 주식과 채권에 동시에 투자하는 펀드 등에 이런 이름이 많이 붙는다.)펀드다.

하지만 요즘 모집되는 메자닌펀드들을 보면 투자자들이 쉽게 투자할 대상으로 보이진 않는다. 일단 무슨 기업의 메자닌채권에 투자할지 명확하지 않으며, 환매가 제한되는 폐쇄형 구조라 보통 3년 이상 돈이 묶이게 된다. 또한 성과보수를 요구하는 경우가 많은데, 이런 요구가 충분히 설득력을 갖추지 못했다고 보인다. 과거 수익률이 좋기 때문에 맹목적으로 투자하는 것은 매우 어리석은 판단이다. 적어도 어떤 기업에 투자하고 어떻게 수익을 올리는지 꼼꼼히 확인하는 것은 투자자의 의무이다.

위의 기사를 분석해 보면, 다음과 같은 것을 알 수 있다.

① 신주인수권부사채를 인수하게 되면, 채권과 신주인수권을 부여 받게 되는데 전환사채와 달리 신주인수권부사채의 신주인수권(Warrant)은 채권과 별도로 분리하여 매매가 가능하다.

② 신주인수권(Warrant)은 주식처럼 매매가 되는데, 신주인수권은 신주를 인수할 수 있는 권리이고 이 권리를 보유한 자는 정해진 가격에 주식을 인수할 수 있다. 위 기사의 사례를 통해 설명하면, 위의 신주인수권을 보유하고 있으면 신주인수권을 행사하여 주당 1,929원에 주식을 인수할 수 있다. 만약 주가가 행사가 보다 높다면 주가와 행사가 간의 시세차익을 기대할 수 있다.

③ 신주인수권을 분리하여 매각할 수 있다는 이점 때문에 많은 투자자들이 BW를 좋아하여 많은 기업들이 BW를 발행했다. 하지만, 신주인수권을 통해 기업 오너의 지분을 관리하거나 2세에게 편법 상속의 통로가 된다는 것이 문제가 되어 2013년 8월 이후 분리형 BW의 발행이 금지되었으나, BW 발행금지로 인해 중소기업 자금조달이 어렵게 되자 2015년 하반기부

터 공모에 한해 분리형 BW 발행을 허용한다.

④ 위의 기사에서는 개인이 BW를 투자하는 데에는 한계가 있으므로 '메자닌 펀드'를 통한 간접투자를 소개하고 있느나, BW 발행은 사모가 아닌 공모에 한해 허용할 방침이므로 개인들도 공모를 통해 얼마든지 BW에 직접 투자를 할 수 있다.

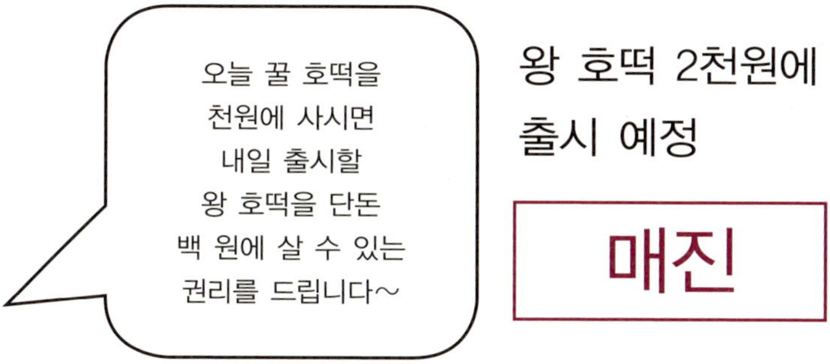

오늘 꿀 호떡을 천원에 사시면 내일 출시할 왕 호떡을 단돈 백 원에 살 수 있는 권리를 드립니다~

왕 호떡 2천원에 출시 예정

매진

BW 투자 성공사례

2009년 3월, 직장인 김씨는 모 증권사 직원의 권유를 받고 기아차가 발행하는 신주인수권부사채에 대한 투자를 검토했다. 당시 기아차 BW는 표면이자율 1%, 만기이자율 5.5%에 워런트는 분리형이었다. 행사가격은 6,880원, 발행규모는 총 4천억원, 3년 만기였다.

김씨는 기아차의 주가가 상승할지 여부에 대해서는 확신할 수 없었으나, 3년 후 만기시에 년 5.5%의 비교적 높은 이자를 지급받을 수 있고 현대차 그룹의 성장세로 볼 때, 3년 이내에는 절대 망하지 않을 것이라 판단했다. 덤으로, 3년 이내에 주가가 상승해 준다면 시세차익도 가능할 듯하여, 그가 가진 여유자금 중 1천만원~2천만원 정도를 기아차 BW에 투자하기로 했다.

기아차 BW의 청약경쟁률이 5:1~10:1 까지 예상되었기 때문에 1천만원 이상 배정 받으려면 청약자금을 높일 필요가 있었고, 그는 할 수 있는 모든 자금을 끌어 모아 1억원을 만들었다. 이 중 상당수가 여유자금이 있는 가족, 친지들에게 빌린 돈이었다. 어차피 5일 정도

만 빌리면 되었기 때문에 자초지종을 설명하고 빌릴 수가 있었다.

청약 당시, 개인투자자들의 청약 경쟁률은 '7.4 : 1'이었기 때문에 1억원을 청약한 김씨는 약 1,350만원 어치를 배정 받았다. 1억원을 청약했으나, 청약 경쟁률 때문에 최종적으로 투자금액이 약 1,350만원이 된 것이다. 청약 배정이 끝난 직후 가족, 친지들에게 빌린 돈은 바로 돌려주고, 근사한 레스토랑에서 저녁식사를 대접했다.

김씨는 기아차 BW를 3년동안 묵혀 둘 필요가 없었다. 기아차의 주가가 2년 동안 10배 이상 상승했기 때문에 BW를 행사하여 주식으로 받은 후 매도하여 큰 수익을 얻을 수 있었던 것이다. 그는 1,350만원을 투자하여 2년만에 1억원이 넘는 큰 금액을 회수할 수 있었다. 김씨처럼 기아차 BW에 투자한 투자자들은 원리금 상환이 보장되는 상황이었기 때문에 투자 시점에서 크게 고민하지 않고 투자할 수 있었다.

물론 주식시장에서 기아차 주식을 직접 매입한 투자자들도 기아차 주식이 10배 이상 오를 때까지 기다렸다면 큰 수익을 거둘 수 있었겠지만, 주식투자의 속성상 10배 이상 오를 때까지 기다릴 수 있는 투자자들은 많지 않다.

BW 투자는 채권투자라는 안정적인 투자기반을 바탕으로 하여 만기일 이전에 주가가 상승할 경우 시세차익을 볼 수 있기 때문에 주식 투자보다 낮은 위험에 투자 의사결정을 하면서 여유 있게 기다릴 수 있다.

BW를 이용한 차익거래

2009년도에 발행한 기아차 BW가 소위 말하는 '대박'을 친 것은 기아차의 주가가 2년동안 급등했기 때문이다. 하지만, 향후 주가가 이렇게 오를 것이라고 확신할 수 있는 사람은 아무도 없다. BW 투자를 하고 이렇게 무작정 기다릴 수도 있지만, 적극적으로 매매하여 단기간에 시세차익을 실현 시킬 수도 있다.

차익거래의 기회를 포착하여 지속적으로 자금을 운용하여 투자를 하는 투자자들은 BW를 이용한 차익거래를 실현시키기도 한다. 실제로 2009년도에 발행된 기아차 BW 투자는 차익거래를 실현할 수 있는 전형적인 사례이다.

2009년 3월, 기아차 BW 청약 당시 기아차의 주가는 7,500원 수준이었다. 만약, 기아차 주식에 투자하는 사람은 주당 7,500원을 내고 기아차 주식을 매수하여 보유해야 하기 때문에 자금이 묶이는 상황이다. 그런데, BW 투자는 자금이 묶이지 않아도 된다. BW는 채권이므로 채권시장에서 할인하여 매도할 수가 있다. 2009년 당시 기아차 1만원 짜리 채권은 할인하여 약 9,350원 수준에 매도가 가능했다.

만약, 김씨가 1,350만원 어치의 BW를 배정받아 할인하여 매도했다면, 채권 할인 매도로 인해 877,500원의 손실을 입는다. (1,350 × 650원) 그러나, 김씨는 BW 투자로 인해 배정받은 1,962개의 워런트(신주인수권)도 갖고 있다. 이 워런트는 상장되어 주식처럼 매매가 가능하다.

기아차 BW 청약 당시 기아차 주가는 7,500원~8,000원 이었으며 청약 한달 후 주가는 1만원을 상회했다. 주가가 1만원일 때, 기아차 워런트는 3,120원에 거래가 된다. (기아차워런트의 행사가격이 6,880원이기 때문에 현재 주가인 1만원과의 차액이 자연스럽게 워런트 가격으로 형성된다.)

만약, 김씨가 BW 투자금 1,350만원을 다른 투자처에 운용하기 위해 사채권을 받은 직후 할인하여 매도하고, 한달 후 기아차 주식이 1만원이 되었을 때, 워런트를 매각했다고 가정해보자. 김씨는 사채할인 매각으로 877,500원의 손실을 보았지만, 12,623,000원을 회수하여 다른 투자처에 자금을 운용할 수 있었고 워런트 매각으로 인해 6,121,440원의 수익을 올렸다. (워런트 1,962개 × 3,120원) 결국, 김씨는 BW 투자로 인해 단기적으로 5,243,940원의 수익을 기록했다.

김씨의 최초 BW 청약금 1억원에 대해서는 3일~5일 정도 자금을 예치해야 하기 때문에 기회비용(어떤 재화의 여러가지 종류의 용도 중 어느 한가지 만을 선택한 경우, 나머지 포기한 용도에서 얻을 수 있는 이익의 평가액. 여기서는 1억원에 대한 3일~5일간의 이자를 뜻함.)에서 발생한 손실은 미미하고, BW의 실제 투자액인 1,350만원에 대해서는 사채 할인을 하여 바로 매각하여 대부분의 원금은 회수했기 때문에 실질적인 투자금은 사채 할인으로 발생한 손실금 877,000원이라고 볼 수 있다.

한달 후 6,121,440원을 회수하였으므로 투자원금 877,000원을 제외하면 1달동안 5,243,940원의 이익을 기록했고, 이것을 단순 수익률로 따져보면 598%에 달하고, 연 환산수익으로 따져보면, 7,175%의 놀라운 수익률이다.

여기서 주의할 점은 BW 투자가 항상 이렇게 높은 수익을 가져다 주는 것은 아니라는 것이다. 2009년도 발행했던 기아차 BW의 경우에는 2008년도에 닥쳤던 전세계적인 금융위기 직후이기 때문에 기업의 입장에서 보면, 자금 조달이 어려운 상황이었다. 이것은 투자자에게는 매우 유리한 조건으로 BW를 받을 수 있는 기회가 되었고 투자자들에게 큰 수익을 가져다 주게 되었다.

생활투자는 투자를 위한 투자를 하는 것이 아니라 생활 속에서 투자 기회를 발견하고 기회가 있을 때만 투자를 하는 것이다. 따라서 생활 속에서 투자 기회를 기다리다 보면 이런 기회가 반드시 오게 되어 있다는 점을 명심하고 관심을 기울인다면 좋은 투자기회를 잡을 수 있을 것이다.

차익거래 뇌 구조

 8장

비상장주식 투자

 비상장 기업 주식의 거래 과정

2014년 10월, 대기업에 근무하는 40대 직장인 오씨는 오랜만에 만난 친구와 술자리를 갖던 중 친구의 비상장주식 투자에 대한 이야기를 듣게 되었다. 그 친구는 비상장 상태의 주식에 투자한 후, 이 주식이 상장될 때 매도하여 상당한 투자수익을 거두고 있다고 하였다. 오씨는 비상장주식 투자에 대해서 알고 싶어서 친구에게 자세하게 질문했다.

"비상장주식 투자는 부동산 투자와 비슷해. 너도 상장주식 투자는 하고 있지? 상장주식 투자는 증권사에 계좌만 있으면 간편하게 거래를 할 수가 있는 반면, 비상장주식 투자는 그렇지 않아. 주식을 갖고 있는 거래 상대방을 직접 만나야 해. 그리고 주식매매계약서도 작성해서 날인을 해야 하는 거고, 명의개서(名義改書, 권리자의 변경에 따라 증권의 명의인의 표시를 고쳐 쓰는 일.) 과정도 거쳐야 해."

오씨는 남들처럼 평범한 직장에 다니고 있는 이 친구가 이런 복잡한 투자를 하고 있다는 점에서 매우 놀라웠고, 부럽기도 했다. '이 친구가 할 수 있다면, 본인도 할 수 있지 않을까?'하는 생각에 흥미를 갖고 친구의 이야기를 경청했다.

"처음은 뭐든지 다 어렵지. 투자를 해보고 경험을 쌓다 보면 비상장주식 투자의 과정도 그렇게 어렵지는 않아. 너 주택 구입 해본 경험이 있잖니? 주택을 구입하는 과정과 비슷하다고 생각하면 돼. 주택을 구입하겠다고 의사결정을 한 후, 주택을 구입하기 위해 가장 먼저 하는 것은 뭐야?"

주택을 구입할 때, 가장 먼저 하는 것은 어느 지역에서 거주를 할지, 어떤 아파트, 빌라, 단독주택을 구입할지를 결정해야 한다. 때로는 지역을 먼저 선정하고 본인의 처지와 가용자금에 맞추어 세부 목표 주택을 선정하기도 한다.

"비상장 주식투자도 주택을 구입하는 것과 비슷해. 비상장 주식투자를 한다고 해서 무작정 살 수 있는 주식을 사는 것이 아니고 먼저 투자하고 싶은 기업을 선정해야 해. 기업을 선정하는 방법은 여러 가지 정보를 바탕으로 향후 유망한 업종을 선택한 후, 그 업종에 해당되는 기업을 찾아도 되고, 지인들로부터 추천을 받아도 돼. 하지만, 투자자가 선택을 했다고 해서 그 기업 주식을 살 수 있는 것은 아니야. 어떤 기업의 주식은 사고 싶어서 노력을 해도 못 사는 경우가 있어."

상장주식의 경우에는 어떤 기업에 투자하고 싶다는 생각을 하면 쉽게 투자를 할 수가 있다. 개인투자자들처럼 투자금액이 거액이 아닐 경우에는 더더욱 쉽다. 거래규모가 작기 때문에 쉽게 거래가 체결되기 때문이다.

거래의 편리성은 말할 것도 없다. 인터넷과 모바일 기술의 발전으로 인해 집에서도 HTS(Home Trading System, HTS란 개인 투자자가 객장에 나가지 않고, 집이나 사무실에서 주식거래를 할 수 있는 프로그램을 뜻한다. 인터넷에 접속된 컴퓨터를 이용해 매매는 물론 정보 검색까지 할 수 있다.)를 이용하여 거래를 할 수도 있고, 집이나 사무실이 아닌 외부 환경에서도 증권사가 제공하는 스마트폰앱을 이용하여 거래를 할 수 있을 만큼 편리하다.

"상장된 주식을 거래하는 것에 비해서 비상장 주식 거래는 훨씬 험난한 과정을 거치는거지. 일단, 내가 원하는 기업의 주식을 누가 보유하고 있는지 알 수가 없거든. 주주명부가 공시되어 있다면 그나마 나은 편인데, 대부분은 공시가 되어 있지 않아서 찾기가 어려워. 찾는다고 하더라도 그 주주가 주식을 매도할 의향이 있는지 여부를 알 수 없기 때문에 직접 그 주주와 통화를 하든지 만나는 수 밖에 없어."

이야기를 듣는 오씨는 비상장 주식 투자가 너무 어렵게 느껴졌다. 직장생활로 바쁜데 어떻게 시간을 내서 비상장 주식 보유 주주를 찾고 그 주주와 접촉을 한단 말인가 !

"주택을 구입할 때도 그런 어려움이 있는 것은 마찬가지지. 내가 어떤 특정 주택을 구입하고 싶으면, 그 소유주의 매도의사를 파악하고 가격협상을 해야 하잖아? 통상적으로 그 과정을 어떻게 진행하지? 중개업소를 찾아가서 상의하잖아. 중개업소는 그런 일을 대행해 주고 수수료를 받는거거든. 직거래를 하고 싶으면 직거래 정보지를 이용하여 직접 통화를 하든지, 직거래를 연결해주는 사이트를 이용하는거지. 비상장 주식 거래에 있어서도 중개를 하는 사람들이 있어. 그 사람들은 비상장 주식을 팔고자 하는 사람과 사고자 하는 사람을 중개해 주고 가격 협상을 대행하고, 계약을 체결하고 명의개서까지 진행해주고 수수료를 받아. 직거래를 하고 싶으면 비상장 주식 정보를 제공하는 사이트를 이용해서 매도나 매수를 원하는 사람들의 연락처를 알 수 있고 그 연락처에 연락을 해서 직접 협상을 할 수 있어."

오씨는 그제서야 비상장 주식의 거래 과정을 이해할 수 있었고, 자기자신도 할 수 있을 것 같다는 생각이 들었다. 주택을 구입하거나 팔 때, 중개업소를 이용해서 절차를 진행하는 것처럼 비상장 주식에 대한 거래도 중개업소를 이용하여 절차를 진행할 수 있다는 것을 알았고, 비상장 주식에 대한 정보를 제공하는 사이트를 통해 정보를 얻을 수 있다는 것도 알 수 있었다.

"비상장 주식 거래가 생소하고 불편하기 때문에 이 시장에 참여하는 투자자들이 아직까지는 많지 않은 편이야. 그래서 더더욱 투자수익을 낼 수 있는 기회가 있는 거지. 상장주식처럼 누구나 쉽고 편리하게 할 수 있다면 많은 사람들이 투자에 참여 할 테고 그렇게 되면 투자수익을 낼 수 있는 기회가 많지 않을 거야."

비상장 기업 주식 거래 과정

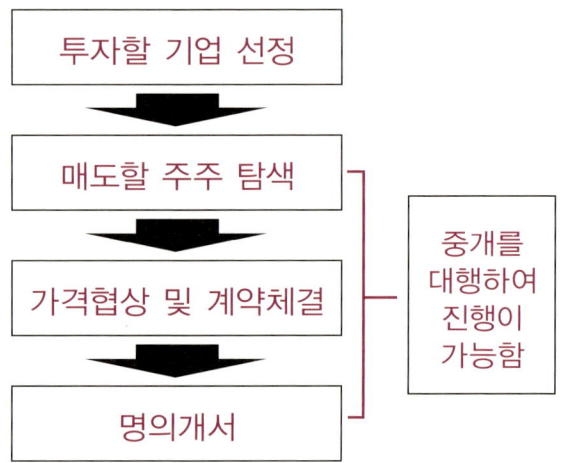

투자할 비상장 기업의 선정

오씨는 친구에게 졸라서 친구가 최근에 투자한 비상장 기업이 무엇인지 알아보았다. 그는 비상장 기업 주식에 한 번도 투자해 본 경험이 없고, 어떤 비상장 기업이 성장 가능성이 높을지에 대해서 구체적으로 고민해 본 적도 없었다. 믿을 수 있는 오랜 친구가 비상장 기업에 투자하여 투자수익을 내는 경험을 많이 했다고 하니 이 친구가 투자한 기업이라면 성공 가능성이 높을 것으로 판단했다.

"주식 투자를 일컬어 '하이 리스크 하이 리턴(high risk high return)'이라고 하는 말 들어봤니? 비상장 기업 투자는 더더욱 이 말이 적용되거든. 비상장 기업 주식에 투자해서 투자수익을 얻고 회수하는 시점은 통상적으로 이 기업이 상장을 하는 시점이야. 예상대로 상장을 하게 되면 다행히 투자수익을 얻고 회수를 하게 되지만, 만약 예상이 빗나가서 상장을 못하게 된다면? 투자에 대한 회수기간이 굉장히 길어지게 돼. 그 과정에서 회사가 망하기라도 한다면, 투자금을 전액 손해 볼 수도 있어. 따라서, 비상장 기업 투자는 보수적인 성향의 투자자에게는 맞지 않을 수도 있어."

오씨는 상장주식에 대한 투자경험이 있기 때문에 '하이 리스크 하이 리턴(high risk high return)'의 의미를 잘 알고 있었다. 주식투자는 변동성이 크기 때문에 높은 수익을 기대할 수 있는 대신 그 반대로 큰 손실을 볼 수 있다는 것은 경험을 통해 알고 있었다. 그는 높은 수익의 투자를 하기 위해서는 그 투자에 따라올 수 있는 위험을 감당해야 한다고 생각했기 때문에 위험을 감수하고라도 비상장 기업 투자를 하고 싶었다.

"투자에 대한 판단은 전적으로 본인이 하는 것이고, 남의 말만 듣고 하는 것은 위험할 수 있어. 내가 투자한 기업에 대해서 추천해 줄 수는 있지만, 그것이 꼭 정답이 될 수는 없을 수도 있다는 뜻이야. 나 역시 위험을 감수하고 투자를 진행하고 있거든. 남의 말만 듣지 말고, 투자할 기업에 대해서 많이 공부하고 결정해야 해."

오씨는 상장기업에 투자하면서 기업에 대한 리포트를 꼼꼼히 살펴보고, 기업의 내재가치에 대해서 공부하고 투자를 해 왔기 때문에 기업에 대한 공부를 하는 것은 어렵지 않을 것 같았다. 비상장 기업에 투자를 해 본 경험이 없는 초보자로서 비상장 기업에 투자를 하기 위한 단초가 되는 기업 정보가 필요했고, 우선 친구가 투자한 회사에 대해서 공부를 해보기로 했다.

"나는 기술력 있는 비상장 바이오 기업에 관심이 많은 편이야. 우리나라도 이제 초고령 사회로 접어들고 있다는 뉴스가 많이 나오고 있지? 70년대 이후 우리나라 산업의 토대가 되었던 제조업은 더 이상 성장동력이 부족한 상황이기 때문에 향후 성장성이 높은 산업군이 초고령화 사회를 대비한 바이오 산업이라고 생각해. 특히 기술력을 갖춘 바이오 기업은 지금은 작은 기업이라고 할 지라도 앞으로 꾸준히 성장할 가능성이 높다고 판단해서 기술력 있는 비상장 바이오 기업에 투자했어."

친구가 최근에 투자한 회사는 산업용 효소를 만드는 바이오 기업이었다. 오씨는 언젠가 효소의 효능에 관해 써 놓은 책을 읽은 적이 있기 때문에 효소라는 단어가 생소하지 않았다. 그는 몸 속에 효소가 풍부하면 생명력과 면역력이 높아지는데, 인간은 항상 효소가 부족한 상태로 살아가기 때문에 음식물을 통해 효소를 섭취해야 한다는 책 내용이 떠올랐다.

"이 기업의 주식을 투자하기 위해 효소 시장에 대해 공부했었는데, 전세계 효소시장은 약 12조원 정도 되고, 산업용 효소, 치료용 효소, 특수 효소 등으로 점차 세분화 되고 있는 추세야. 그리고 효소는 제품을 제조할 때 거치는 화학공정을 대체하고 있거든. 이런 화학공정을 대체하는 효소 수요가 급증하고 있다는 점이 이 기업의 성장 가능성을 높여주고 있어. 그리고, 이 기업의 창업자이자 CEO는 15년간 효소만 연구해 온 사람이어서 창업자에 대한 신뢰도 내가 투자했던 중요 포인트였어."

오씨는 친구의 이야기를 듣고 이 기업에 대한 호감도가 높아졌다. 친구로부터 이 기업에 대해서 공부할 수 있는 자료를 어떻게 수집할지에 대해서 자세하게 듣고 별도로 이 기업에 대해서 공부해 보기로 했다. 친구와 헤어지면서 이 기업에 대한 투자를 결심하게 되면 이 기업의 주식을 매수할 수 있도록 도와달라고 신신당부하고 집에 왔다.

오씨는 그 다음날부터 이 기업에 대해서 공부하기 시작했다. 그가 가장 먼저 실망한 부분은 재무자료였다. 바이오 기업의 미래 성장 가능성을 보고 투자를 한다고는 하지만, 그가 투자해 왔던 상장 기업들과 비교할 때, 재무상황이 좋지 않았다. 2013년도에 겨우 흑자전환에 성공했고, 2014년도는 2013년보다 2배 이상의 매출을 예상하고 있지만, 두 배 이상 매출을 하더라도 기대되는 매출액이 50억원 수준에 불과했다. 그가 기존에 투자했던 상장사들과는 비교가 되지 않는 기업 규모였다.

오씨가 볼 때, 이 기업에 대한 투자가 망설여지는 두 번째 이유는 거래 가격이었다. 비상장 주식 정보 사이트를 살펴보니 이 주식의 거래가는 주당 1만원 수준에 거래가 되고 있었다. (2014년 11월 기준) 오씨의 친구는 불과 6개월 전에 투자를 했는데 주당 5천원에 투자를 했다고 한다. 오씨의 친구는 투자한지 6개월이 지난 지금 회수를 한다고 해도 100% 수익을 거둘 수 있는 상황이었다. 그런데, 오씨가 매수하려고 하는 2014년 11월에는 오른 가격 때문에 친구보다 두 배나 높은 가격에 매수를 해야 했다. 오씨는 답답한 마음에 조언을 얻고자 친구에게 전화를 걸었다.

"바이오 기업을 상장 제조기업과 비교해서는 안돼. 제조업을 영위하는 기업과 바이오 기업은 평가 기준 자체가 다르거든. 이 비상장 기업의 거래가격이 최근에 많이 상승한 이유는 얼마 전에 코스닥 상장을 위한 기술성 평가에 통과가 되었기 때문이야. 매출이 아예 없어도 기술성 평가에 통과한 기업들은 특례 상장 제도가 있어서 코스닥 상장 신청이 가능하거든. 이 기업은 빠르면 내년 상반기에 상장한다는 계획을 갖고 있어."

오씨가 계산을 해보니 이 비상장 기업의 주식을 주당 1만원에 매수를 하게 되면 이 기업의 총 기업가치를 670억원 수준으로 인정하고 매수하는 셈이 되었다. 그는 올해 예상 매출액 50억원 하는 회사의 기업가치가 670억원이나 되는 것이 합리적인 수준인지 판단이 서지 않았다.

"내가 지난번에도 이야기 했지만, 판단은 네가 하는 거야. 난 이미 이 기업에 투자한 사람이기 때문에 이 기업에 대해서 긍정적인 생각을 할 수 밖에 없어. 하지만, 내가 판단할 때, 이 기업의 성장성을 감안하면 상장 후 기업가치는 최소한 1,500억원은 되지 않을까 판단하고 있어."

　전화를 끊은 오씨는 상장기업 중에 이 기업처럼 효소를 제조하는 바이오 기업의 주가를 파악해 보았다. 상장 기업 중 이 기업과 비슷하게 산업용 효소를 개발하여 판매하고 있는 기업이 있었는데, 2014년 10월 당시 주가로 계산한 기업가치가 4천억 원에 달했다.
　오씨는 투자대상으로 검토중인 이 기업과 이미 상장되어 있는 동일 업종의 기업을 비교하여 분석하다 보니, 이 기업에 투자하기로 결심하게 되었다. 상장되어 있는 기업은 규모 면에서나 매출액의 크기 면에서나 검토 중인 비상장 기업보다 더 나은 기업이라고 볼 수 있었다. 그러나 이 기업 역시 매출액 대비 기업가치가 월등하게 높았다. 상장 기업의 매출액이 200억원을 상회하는 수준임에도 불구하고 기업가치가 4천억에 달한 다는 것은 이 기업이 영위하고 있는 '업'의 발전 가능성이 매우 높다는 것을 의미하기 때문이다. 상대적으로 판단할 때, 투자 검토 중인 비상장기업 역시 향후 발전 가능성이 높을 것으로 기대되어 주식시장에 상장하게 되면 좋은 평가를 받을 것으로 판단했다.
　오씨는 며칠간의 고민 끝에 상장주식에 투자하는 자금의 일부인 2,500만원 정도를 할애하여 이 기업에 투자하기로 결정 했다.

좋은 비상장 주식?

| 고속 성장 가능한 業 |
| 상장 가능성 높은 것 |
| 상대적으로 저 평가 |
| 유능한 CEO |
| 선도기업(1등 기업) |

비상장 주식의 매수 과정

오씨는 투자할 비상장 기업을 선정하긴 했지만, 경험이 없었기 때문에 어떻게 매수를 해야 할지 막막했다. 친구에게 문의를 했더니 친구가 주식을 매수할 때 거래를 중개 했던 중개인을 소개시켜 주었다. 오씨는 2,500주를 주당 1만원에 사고 싶다고 말하고 매도자를 알아봐 달라고 요청했는데, 요청한지 세시간 만에 전화가 왔다.

> "요즘 이 주식이 인기가 많아서 1만원에 팔겠다고 하는 분들이 별로 없네요. 매도자들이 주당 1만2천원에 매도를 원하는데 이렇게라도 매수 하시겠어요?"

오씨가 '비상장 주식 정보 제공 사이트에 따르면 주당 1만원 선에 거래가 되는 것으로 알고 있는데 가격이 너무 높다'고 말하자, 중개인은 비상장 주식이 정보 사이트에 나온 가격대로 거래되는 것은 아니라고 하며 매도자와 가격을 좀 더 조율해 보겠다고 하고 전화를 끊었다. 하루가 지나고 다시 중개인으로부터 전화가 왔다.

"일주일 전만 해도 1만원 매물이 많이 있었는데, 지금은 매도자들이 가격을 높이고 있는 상황입니다. 1만2천원에서 전혀 조율이 되질 않네요. 이 주식 가격이 안 맞으시면 다른 좋은 주식을 추천해 드릴까요?"

오씨는 다른 주식에는 관심이 없다고 말하고, 가격을 좀 더 조정해 달라고 요청했다. 그는 중개인에게 일시적으로 가격이 올라간 것이라면 가격이 떨어질 때까지 기다려 보겠다고 말하고 전화를 끊었다. 그리고 3일이 흘렀지만, 중개인으로부터 전화는 없었다. 오씨는 답답한 마음에 중개인에게 먼저 전화를 했다.

"주가가 떨어지지가 않네요. 이 기업이 기술성 평가를 통과하고 빠르면 내년 상반기에 코스닥에 상장할 것이라는 기대감이 많이 반영되어 있는 것 같습니다. 지금 매물들의 매도 호가는 1만3천원까지 1천원 더 올라간 상황입니다."

오씨는 시간이 더 지나면 가격이 더 오를 가능성이 있을 듯 하여 중개인에게 1만2천원에 매수하겠다고 통보하고 매도자를 연결해 달라고 요청했다. 4시간 뒤, 중개인으로부터 전화가 왔다.

"1만2천원 매물은 다 팔린 상황입니다. 1만3천원에 매도를 희망하는 매도자를 설득하여 가격을 1만2천2백원까지 조정했는데, 그 이하로는 절대로 안 된다고 하네요. 어떻게 하시겠습니까?"

오씨는 잠깐 고민했지만, 1만2천원이나 1만2천2백원이나 2백원 차이라면 가격이 더 오르기 전에 매수하는 것이 옳다고 판단하여 중개인에게 매수하겠다고 말했다. 그는 이 비상장 주식의 매수 가격이 애초에 생각했던 가격인 1만원 보다 22%가 더 높아진 가격이었지만, 내년에 상장을 추진한다면 이보다는 더 오를 가능성이 있다고 판단했다. 오씨는 매수 의사결정을 하고 중개인에게 어떤 준비를 하면 되는지 물어보았다.

"이 주식은 코스닥 상장 신청을 위해 통일유가증권(Uniform Stock Certificate, 유가증권의 위조, 변조를 방지하여 공정한 유통질서를 확립하기 위하여 금융감독원이 정한 바에 의하여 지질, 규격, 도안, 색도, 색상, 인쇄방법 등이 통일되어 발행된 주권 및 사채권, 신주인수권증권을 말한다. 통일규격 유가증권의 사용대상법인은 상장법인 이외에도 기업공개를 위하여 유가증권신고서의 효력발생일을 지정 받은 비상장법인, 등록법인 중 장외에서의 매매거래가 허용된 법인, 금융감독원이 승인한 비상장법인 등이다.)이 발행된 상태이기 때문에 회사에 가서 명의개서 하는 절차는 필요가 없습니다. 매도자의 세금 신고 때문에 주식매매계약서를 작성해서 날인하셔야 하는데, 제가 작성해 갈 테니 날인만 하시면 됩니다. 주식은 증권사 주식계좌로 계좌대체 받으시면 되고, 매수 대금은 매도자 계좌로 계좌이체 해 주시면 됩니다. 그럼, 오늘은 시간이 늦었으니 내일 점심시간에 거래 하실까요?"

오씨는 그러겠다고 하고 전화를 끊었다. 그 다음날 중개인을 만나서 주식인수계약서에 날인을 하고 오씨의 계좌로 주식을 대체 받고 매도자 명의의 은행계좌로 주식매수대금을 입금하자, 거래가 끝났다. 중개인에게 줄 수수료는 오씨와 중개인 간에 상호 협의하여 매매대금의 0.5%를 주기로 합의했다.

오씨는 친구와 술자리에서 비상장 주식 거래의 과정에 대해서 들었을 때, 비상장 주식의 거래는 매우 복잡하다고 생각했었다. 하지만, 막상 본인이 거래를 해 보니, 생각 했던 것 보다 복잡하지도 않았고 그렇게 어렵지도 않았다. 거의 대부분의 협상이 전화 통화를 통해 이루어졌기 때문에 시간과 공간적으로 크게 부담이 되지 않았다.

주택을 거래하는 경우에는 현장을 직접 실사하는 과정에서 주택 점유자와 약속도 맞추어야 하고 필요 시 업무 시간도 조정해야 했기 때문에 비교적 많은 노력이 들어갔지만, 비상장 주식의 경우에는 매수할 주식만 고민하여 결정하고 나면 거래의 과정 자체는 비교적 쉽게 진행되었다.

오씨는 오랜 친구를 만나서 술자리에서 비상장 주식에 대한 이야기를 들은 지 한달 만에 첫 번째 비상장 주식 거래를 경험했다.

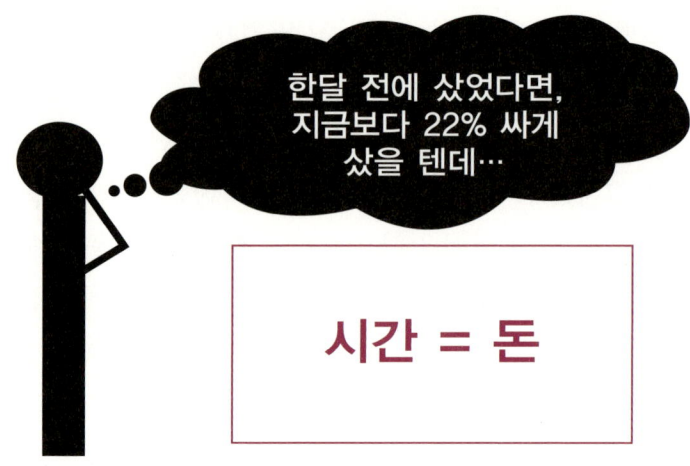

비상장 주식의 매도 과정

오씨가 2014년 11월에 주당 1만2천2백원에 투자한 비상장 주식은 꾸준하게 상승세를 지속했다. 2015년 3월에 거래가격이 주당 1만5천원을 넘어섰고, 코스닥 상장일이 5월로 확정되자 거래가격이 급등하기 시작했다. 5월 중순이 되자 여러 중개인들로부터 전화를 받았는데, 매수할 때 중개를 해주었던 중개인도 오씨에게 전화를 했다.

"축하드립니다. 작년 말에 이 주식을 잘 매수하셨네요. 주가가 많이 올랐어요. 이 주식 확정 공모가(주식 상장을 위해 공모를 할 때, 공모를 통해 배정하는 주식의 가격)가 1만1천원인데 지금 2만4천원에도 매수자가 있거든요. 혹시 매도하실 의향은 없으세요? 지금 공모가 대비해서 많이 오른 상태여서 공모 후에 이 가격 보다 하회할 가능성도 있습니다."

오씨는 중개인에게 생각해 보고 다시 연락하겠다고 말하고 전화를 끊었다. 6개월 전에 주당 1만2천2백원에 매수한 주식을 주당 2만4천원에 매도한다면, 6개월 만에 100% 수익을 거두는 것이며, 연 환산수익률로 따지면 200%에 달하는 성공적인 투자였다. 이 기업의 주식이 상장하여 주가가 2만4천원 보다 더 상승할 수도 있지만, 2만4천원까지 상승하지 못할 가능성도 있었다. 상장시 공모에 참여하는 사람들은 주당 1만1천원에 이 주식을 받기 때문에 2만4천원이면 공모가 대비 100%이상 높은 금액이었다.

오씨는 매도하여 수익을 확정하고 싶은 마음도 있었지만, 다음과 같은 이유로 상장 후 매도하기로 결정했다.

① 상장 전부터 이 회사에 대한 투자자들의 관심도가 매우 높아서 상장 후 시초가(상장 첫날 동시호가에서 정해지는 최초 가격)가 공모가 대비 100% 높은 2만2천원에 결정될 가능성이 높다.

② 상장 후 매도하게 되면 양도 차익에 대한 양도소득세를 납부할 필요가 없지만, 비상장인 상태에서 매도하게 되면 매도 차익의 10%를 양도소득세로 납부해야 한다. 비상장 상태에서 2만4천원에 매도를 하면 양도차익인 주당 11,800원의 10%인 1,180원을 양도소득세로 납부해야 한다. 결국, 양도소득세를 제외하면, 주당 2만4천원에 매도하더라도 상장 후 주당 22,820원에 매도하는 것과 실질 수익 면에서 동일하다.

③ 비상장 상태로 주식을 매도하게 되면 중개수수료와 세무사 비용 등 제반 수수료 비용을 지출해야 한다.(비상장 주식을 매

도하게 되면, 세무서에 직접 신고하거나 세무대리인을 통하여 신고할 의무가 있다.)

　5월말에 상장한 이 회사의 주가는 종가 기준으로 상장 첫날 25,300원, 상장 둘째 날 29,050원, 셋째 날 33,400원을 기록했다. 이 회사의 주가는 상장 7일만에 42,000원으로 상승했다. 오씨는 상장 첫날 매도하려고 하였으나, 매수세가 워낙 강하여 며칠 더 두고 보기로 했고, 셋째 날 종가인 33,400원에 매도했다.

　투자 원금 대비 회수금액의 비율은 274%에 달하며, 순수익은 투자원금 대비 174%에 달하는 큰 수익을 거두었다. 오씨의 투자원금은 3천만원 수준이었는데, 회수금액은 8,300만원으로 원금 3천만원을 제외한 투자수익은 5,300만원에 달하였다.

　오씨는 친구에게 술자리에서 들은 이야기를 놓치지 않고 비상장 주식에 투자하여 단기간에 높은 수익을 거둔 것에 대해서 운이 좋았다고 생각했다. 하지만, 금번 투자로 경험을 쌓았고, 다른 비상장 주식에 투자할 때 좋은 기준이 될 것 같았다.

　오씨가 비상장 투자를 처음 경험하면서 느낀 점은 다음과 같다.

　① 비상장 기업에 대한 주식 투자는 기업의 미래 성장성을 감안하여 투자하는 것이기 때문에 기업에 대한 분석이 중요하다.
　② 비상장 주식은 기업의 상장심사 청구일 이후부터 상장일 직전까지 많이 상승하는 경향이 있으므로 심사청구일 전에 매수하면 단기적인 수익창출이 가능하다.

③ 비상장 주식의 가격은 기업의 과거 재무제표를 가지고 기업가치를 판단하면 가격이 너무 비싸다고 느껴지기 때문에 투자를 하기 어렵다. 하지만, 기업이 지속적으로 성장할 가능성이 있다면 투자할 가치가 있다.
④ 투자자들의 관심도가 높은 비상장 기업의 경우에는 거래가격이 정보 사이트의 기준가격보다 다소 높더라도 추가 상승여력이 있다면 매수를 고려하는 것이 좋다. 이런 주식은 시간이 지나면 지날수록 가격이 더 상승할 가능성이 높은데, 가격이 올라가면 과거 거래가격에 집착하여 매수를 포기하게 되기 때문이다.
⑤ 비상장 주식을 매도할 때에는 그때그때 주식시장의 분위기에 따라서 유동적으로 대처 해야 한다. 비상장 주식의 거래가격이 지나치게 높게 형성된다면 매도를 고려하는 것이 맞지만, 비상장 상태에서 주식을 매도하게 되면 양도 차익에 대해서 양도세를 납부해야 하므로 신중하게 판단해야 한다.

오씨의 사례에서 본 것과 같이 비상장 주식은 상장시점에 주가의 변동성이 크다. 그래서 비상장 주식 투자를 할 때는 투자자 본인의 매도 원칙을 갖고 있지 않으면 큰 변동성에 제대로 대응하기 어렵다. 상장 첫날 무조건 매도한다든지, 상장주식 투자를 할 때처럼 일정 수익률을 정해놓고 목표 수익에 달성하게 되면 매도한다든지, 회사의 미래가치를 판단하여 상장 후에도 매도하지 않고 정한 목표가를 넘을 때까지 보유할 수도 있다. 이러한 투자원칙은 정해진 것은 없다. 본인의 성향에 맞는 투자원칙을 본인 스스로 정해야 한다.

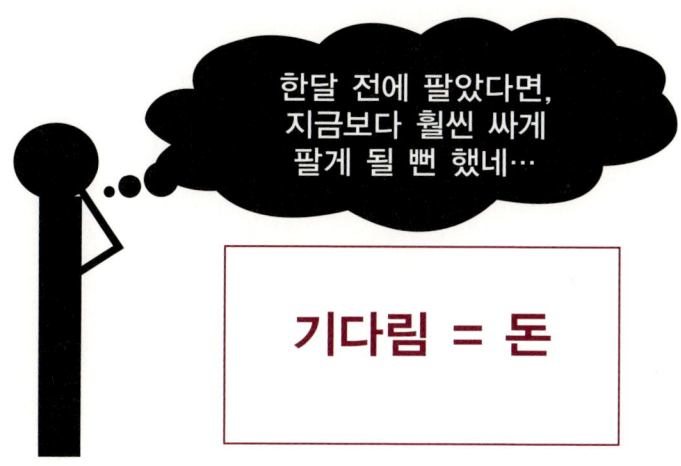

비상장 주식 투자가 항상 '장미빛'일까?

       금융기관에 근무하는 40대 직장인 황씨는 5년 동안 비상장 주식을 2번 거래하여 모두 이익을 내고 회수를 해 본 경험이 있다. 그는 비상장 주식 투자를 성공적으로 했던 경험 때문에 비상장 주식 투자에 대한 자신감을 갖고 있는 상황이었다. 그가 비상장 주식 투자를 위한 정보를 수집하는 곳은 비상장 주식에 대한 정보를 제공하는 사이트 또는 비상장 주식을 중개하는 업무를 하고 있는 친구로부터였다. 2014년 5월 어느 날 비상장 주식을 중개하는 업무를 하고 있는 황씨의 친구로부터 황씨에게 전화가 왔다.

> "H라는 비상장 업체 주식이 있는데, 한달 전인 작년 연말에 기관투자자들끼리 거래가 많이 이루어졌거든. 이 업체가 올해 코스닥 상장을 할 모양이야. 내가 알아보니까 기술력도 뛰어나고 매출실적이나 이익률도 아주 좋아. 이 주식 매물이 있는데, 투자 한 번 해 볼래?"

친구로부터 비상장 주식 투자 건에 대해 이야기를 들은 황씨는 이 업체를 조사하기 시작했다. 이 회사는 특수 가공기술에 대한 기술력과 노하우를 갖고 있는 업체이고 이를 이용하여 스마트폰과 태블릿 등 성장이 가속화 되고 있는 스마트 기기에 필요한 소재부품을 제조하여 판매하고 있었다.

이 회사의 2012년도 매출액은 2011년도에 비해서 2배 이상 증가하였고, 매출액 대비 영업이익률(영업이익을 매출액으로 나눈 것으로 기업의 영업활동이 얼마나 효율적으로 이루어지고 있는지 알 수 있는 지표임.) 이 28%에 달하는 높은 이익률을 내는 업체였다. (통상적으로 중소 제조업의 영업이익률이 10%를 초과하면 영업이익률이 양호한 편이다.) 2013년도 매출액도 2012년도에 비해서 2배 가까이 성장할 정도로 실적 호전세가 지속되고 있었으며, 2013년도 영업이익률도 25%로, 높은 이익률을 달성하고 있는 좋은 업체였다.

이 회사가 제조하는 제품은 국내 굴지의 대기업에서 일부 생산하고 있으며, 국내 중소기업에서는 경쟁자가 없는 상황이었다. 이 회사의 경쟁사로 볼 수 있는 곳은 해외의 유명 대기업이었고, 이 회사는 해외 대기업 보다 제품을 저렴하게 공급할 수 있는 기술력을 갖추고 있었기 때문에 앞으로 매출이 더욱 확대될 가능성이 충분했다.

황씨는 좋은 비상장 회사에 투자할 수 있겠다는 생각에 가슴이 뛰었다. 2014년도에 예상되는 실적만 확인할 수 있다면, 바로 투자를 해 볼 생각이었다. 이 업체는 12월 결산법인으로 그가 투자를 검토하는 시점은 2014년 5월이었기 때문에 아직 2014년도 실적을 알 수는 없었다.(12월 결산법인의 경우에는 다음해 3월까지 결산 및 회계감사를 받고 주주총회를 개최하여 재무제표를 확정한다.) 2014년도 실적은 2015년 4월 이후에나 발표될 예정이었다. 황씨는 친구에게 전화를 걸어 이 업체의 2014년도 실적에 대해서 질문했다.

"내가 이 업체의 주주로 있는 기관의 담당자에게 물어보니까 2014년도 매출액이 2013년보다 30% 이상 올라갈 가능성이 있다고 추정하더라. 이 회사가 실적에 대해서는 주주들 한테도 잘 공개하지 않는다는군. 최근 몇 년간 큰 폭의 성장을 하고 있고, 스마트폰 산업이 계속 커지고 있는 상황인데, 2014년도 실적도 상당히 좋지 않을까?"

황씨가 자료를 통해 이 회사를 검토할 때도 회사는 계속 성장할 가능성이 높다고 판단했다. 국내에서는 경쟁사가 거의 없는 독점적인 상황인데다, 스마트폰 시장은 계속 커질 것으로 보였고, 중국 등 해외 매출이 증가한다면 실적은 지속적으로 좋아질 것으로 예상되는 상황이었다. 그는 매수가격만 합리적이라면 투자할 만한 좋은 회사라고 판단했다.

"이 주식의 가격은 1년 전부터 꾸준히 상승했어. 실적이 계속 좋아지고 있기 때문이지. 지금 매도자가 이야기하는 매도 가격은 작년 연말에 기관투자자들이 거래했던 가격 수준이야. 기관투자자들 거래시점보다 6개월 정도 지난 상황이고 그 가격과 비슷한 가격이니까 가격은 괜찮은 것 같은데, 어떻게 생각해?"

황씨는 회사의 실적이 좋아짐에 따라 주가가 계속 상승하는 것은 당연하다고 생각했다. 미래 성장 가능성이 높은 기업은 미래가치가 주가에 반영되기 마련이고, 이런 회사의 주가는 항상 비싸게 보이지만, 시간이 지날수록 주가가 상승하는 것을 그 동안의 비상장 주식 투자를 통해 경험했기 때문에 황씨는 투자를 하기로 결심했다. 개인투자자들보다 정보가 훨씬 많은 기관투자자들의 거래가격 수준으로 거래할 수 있다는 점도 그에게는 좋은 매수의 기회로 판단하게 되었다.

황씨는 지난 두 건의 투자는 본인의 여유자금인 1천만원~2천만원 수준으로 하였으나, 이번 투자 건은 매우 느낌이 좋다고 판단했기 때문에 그의 아내를 설득하여 1년 후인 2015년 5월 전세 만기를 대비하여 준비하고 있었던 자금까지 모두 투자하기로 했다. 황씨는 2014년 5월에 1억원의 자금을 이 비상장 주식에 투자하고 난 후 1년 이내에 50% 이상의 투자수익을 기대하며 기분 좋은 날들을 보냈다.

2012년에 비해 2013년에 두 배나 더 사랑을 했는데, 2014년은 전년도에 비해서 이렇지 않을까?

비상장 주식 투자의 함정

2014년 8월이 되자, 황씨가 투자한 회사의 실적에 대해서 좋지 않은 소식이 들리기 시작했다. 2014년 상반기 실적이 기대에 미치지 못했을 뿐만 아니라, 2013년 상반기 실적보다도 못하는 소문이었다. 그 소문을 들은 황씨는 정신이 번쩍 들었다. 이 회사에 전화를 하여 개인주주라고 밝히고 회사 실적에 대해서 질문했다. 전화를 받은 회사 직원들은 '잘 모른다'는 답변 뿐이었다. 일주일 동안 20여 차례에 걸쳐 전화 통화를 시도한 끝에 그 회사의 재무 책임자와 통화를 할 수가 있었다.

"2014년 상반기 실적은 2013년도 상반기 실적에 비해서 다소 낮아진 것은 사실입니다. 하지만 영업부 계획에 따르면, 수주가 하반기에 집중되어 있습니다. 계획대로 매출이 진행된다면, '2014년도 실적은 2013년도 수준은 되지 않을까' 조심스럽게 예상하고 있습니다."

황씨는 회사 관계자의 말을 듣고 다소 안심이 되었지만, 비상장 주식 정보 사이트를 검색해 보니 이 회사 주식의 거래가격이 황씨가 투자한 가격보다 20% 가까이 떨어져 있었다. 그는 이 회사 주식의 거래가격을 좀 더 정확하게 파악하기 위해 친구에게 전화를 걸었다.

"이 회사 올해 상반기 실적이 기대에 미치지 못해서 성장세가 꺾인 것으로 판단한 주주들이 실망 매물을 많이 내 놓았거든. 그래서 주가가 많이 하락했어. 올해 실적이 전년도 보다 약간이라도 개선되면 내년에는 코스닥 상장을 추진할 수 있으니까 연말이 지나면 주가는 회복되지 않을까?"

황씨는 다소 불안했지만, 주가가 회복되기를 바랄 수 밖에 없었다. 투자원금이 1억원이나 되었기 때문에 20% 손해를 보고 매도를 하게 되면 2천만원이나 손해를 보는 셈이었다. 투자가 잘 못 될 수도 있다는 불안한 마음에 잠도 잘 오지 않았으나 애써 희망을 갖고 생활했다.

2014년 12월이 되자, 이 회사 주식의 거래가격은 더 하락했다. 실적이 전년도보다 안 좋아진 부분이 이 회사의 성장성에 대한 의심을 갖게 했고, 추가적으로 해외 경쟁사가 1년 전에 이 회사에 대해서 특허침해 소송을 한 것이 부각되었다. 실적이 좋아지고 있는 상황에서는 크게 문제될 것 없다는 분위기 였지만, 실적에 대한 문제가 나오자 특허침해 소송에 대한 문제도 같이 논란이 된 것이다.

2015년 4월이 되자, 2014년도 실적이 발표되었는데 매출액이 2013

년도에 비해서 10% 이상 감소했다. 더 문제가 되는 것은 영업이익이었다. 매출액이 10% 정도 감소하는데 그쳤으나 영업이익은 2013년도 대비하여 50% 이상 감소한 것이다. 실적악화가 현실화되자 2015년도 코스닥 상장은 기대할 수 없었고 이 회사 주가의 거래가격은 큰 폭으로 하락했다.

황씨에게는 설상가상(雪上加霜)의 악재가 발생했다. 2015년 5월에 전세만기가 도래 하였는데, 집주인이 5천만원을 올려달라고 했기 때문이다. 대출을 받지 않기 위해서는 황씨가 투자한 비상장 주식을 매도하는 방법 밖에 없었다. 황씨가 볼 때는 비상장 주식을 매도하지 않고 기다렸을 때, 주가가 회복되기 보다는 더 떨어질 것만 같았다. 그는 거래가격을 알아보기 위해서 친구에게 전화를 했다.

"이 회사가 2014년도 실적을 발표하고 나서 매수세가 아예 없어. 팔자는 사람들 뿐이야. 손해를 감수하고서라도 판다고 하면 팔 수는 있을 것 같은데, 그러려면 네가 투자한 원금의 50% 밖에 회수를 못하는 상황이야. 이 회사가 2015년도 실적은 괜찮을 것 같다고 하니까, 1년만 더 기다려 보는 것은 어때?"

황씨는 50%나 손해를 봐야 한다고 생각하니 암담한 마음이 되었다. 하지만 결정을 내려야 했다. 그는 전세금을 올려주기 위해서 대출을 받을지 비상장 주식을 매도할지 아내와 상의한 끝에, 대출을 받는 것은 부담되니 비상장 주식을 손해보고라도 매도하기로 결정했다.

결국, 그는 1년 전에 좋은 투자기회라고 생각했던 비상장 주식 투자가 1년 만에 투자 원금이 반 토막이 되어 버린 것을 경험했다. 황씨가 판단할 때, 완벽하게 투자 수익을 거둘 수 있는 투자라고 생각했던 이 투자가 황씨를 곤란하게 만든 실패한 투자가 되어 버린 것이다. 이것은 비상장 주식 투자를 할 때 간혹 벌어지는 비상장 주식 투자의 함정이다.

돌 다리도 두들겨보라는 속담이 있지.

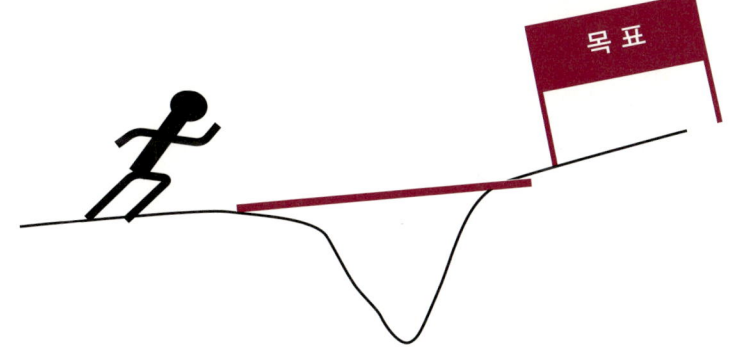

# 비상장 주식 투자를 바라보는 관점

비상장 주식 투자는 기본적인 속성이 부동산 투자 중 투자 목적으로 구입하는 '땅'에 대한 투자와 비슷하다. 부동산 투자자가 어느 지역의 '땅'을 투자 목적으로 구입한다고 가정해 보자. 땅을 사서 바로 그 땅에 건물을 짓는 등 개발을 하지 않는다면, 그 땅에 대한 투자금은 고스란히 묶이게 된다.

이 땅의 투자자는 향후에 주변이 개발될 가능성이 있다고 판단하며, 언젠가 세월이 흐르면 땅의 가치가 올라갈 것이라고 기대한다. 그래서 땅을 사는 투자자들은 돈을 '묻어 놓는다'라는 표현을 한다. 언제가 될지 모르지만, 시간이 흘러서 주변이 개발되면, 이 땅의 가치는 급등하고 투자자는 투자한 자금뿐만 아니라 높은 수익을 얻으며 회수할 수 있다.

비상장 투자도 마찬가지이다. 기본적으로 '장기 투자'라고 생각해야 한다. 비상장 주식에 투자를 하면, 투자금은 고스란히 묶이게 된다. 투자자가 기대하는 것은 기업가치가 상승하여 이 기업이 M&A가 되거나 상장을 하게 될 때, 높은 수익을 얻으며 회수하는 것이다.

그런데, M&A나 상장은 언제 될지 불확실하다. 물론, 상장 일정을 파악하고 투자하는 경우도 많지만, 그 일정이 예정대로 되지 않는 경우도 있다. 그런 의미에서 같은 주식투자지만, 상장주식 투자와 비상장 주식 투자는 다르다.

기업 내 외부에서 벌어지는 환경은 많은 변화가 있다. 이러한 변화는 기업의 CEO도 100% 정확하게 예측할 수가 없다. 하물며, 개인 투자자들이 상장 기업도 아닌 비상장 기업의 환경 변화에 대해서 정확하게 예측할 수 있을까?

비상장 기업 주식의 가치도 기업의 영업상황과 내 외부에서 벌어지는 환경 변화에 따라서 변화하게 된다. 만약, 어떤 기술 벤처기업이 '㉮설립 ㉯기술개발 성공 ㉰상용화 성공 ㉱매출 증가 ㉲환경변화에 따른 성장 한계 봉착 ㉳신규 아이템 개발 성공 ㉴신규 아이템 성공으로 인해 급격한 성장 ㉵상장 심사 청구' 와 같은 과정을 겪는다고 가정해 보자. 이 기업의 주가는 아래 표와 같이 변화하게 된다.

기업 환경 변화에 따른 주가 변화 추이

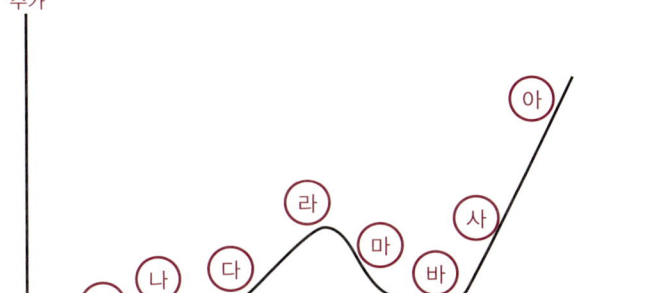

기업은 내 외부적 환경 요인에 따라 끊임없이 도전을 받는다. 기업의 경영이 항상 평탄하지만은 않다. 시련을 극복하고 새로운 도전에 성공한 기업은 발전하는 것이고 새로운 도전에 실패하는 기업은 몰락의 길을 걷게 된다. 순간의 경영 선택을 잘못한 기업이 순식간에 망하는 일이 벌어지기도 한다. 따라서, 투자자들은 이러한 상황을 고려하여 투자기간과 회수목표를 설정해야 한다.

앞서 황씨의 사례에서 볼 때, 황씨가 ㉣의 상황일 때 주식을 매수하여 ㉤의 상황에서 매도한 것일 가능성도 있다.(물론, 황씨가 투자한 비상장 기업이 성장 모멘텀을 찾지 못하여 상장을 하지 못할 수도 있다.) 만약 그렇다면, 황씨는 주식을 매도하지 않고 몇 년간 보유하다 보면, 이 회사가 상장을 하여 높은 수익을 거두며 회수할 가능성도 있는 것이다. 실제로 기술 벤처기업들 중에서 이러한 성장 패턴을 보이는 기업들이 종종 있다.

변동성이 심한 주식투자의 경우에는 매도하여 회수하기 전까지는 투자 손익이라고 볼 수 없다. 단지, 평가손익의 변동일 뿐이다. 주식을 매도하여 회수를 해야만 확실하게 이익 또는 손실을 확정할 수 있는 것이다.

결국, 황씨는 비상장 주식에 대한 투자금을 여유자금으로 집행한 것이 아니라 1년 후에 전세금 마련에 써야 할 자금으로 집행을 했기 때문에 여유 있게 기다릴 수 없는 상황이 된 것이다.

비상장 주식 투자에 있어서 투자 대상을 고르는 것도 매우 중요하지만, 그에 못지않게 투자자 본인의 예상범위를 벗어나 장기투자가 될 가능성에 대하여 대비를 하는 것도 매우 중요하다. '비상장 주식 투자는 언제든지 장기투자가 될 수 있다'는 것을 명심하자.

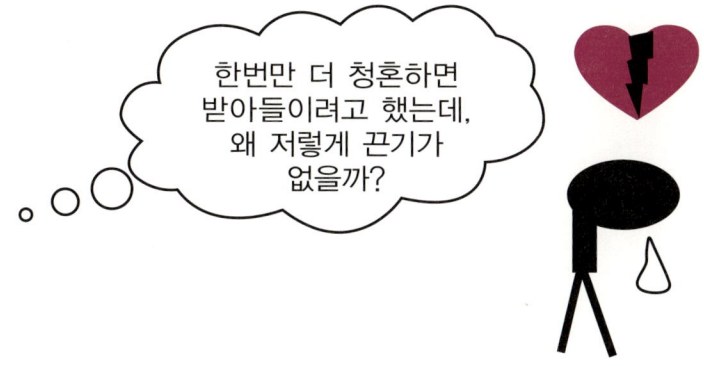

9장

공모주 **투자**와
심사청구 예정 기업 주식 **투자**

# 공모주 투자의 본질은 차익거래

　　　　　　60대 초반인 서씨는 남편 은퇴 후 은행예금에서 지급받는 이자소득으로 노후생활을 하고 있었다. 지속되는 저금리 기조로 인해 예금금리가 하락하여 소득이 줄어들자 대체 투자 수단을 알아보다가 '공모주 투자'라는 것을 알게 되었다. 그녀는 공모주 투자가 매력적이라고 판단하여 공모주 투자를 본격적으로 하게 되었다. 공모주 투자를 시작한지 3년이 지나자, 공모주 투자를 하여 투자원금 대비 년 5% 정도의 수익을 낼 수 있었다. 세금효과 등을 감안하면 은행이자와 비교할 때, 그녀의 투자 수익률은 은행예금 이자의 두 배 수준이 되었다.

　2014년 말, 서씨는 11월에 있을 삼성SDS와 12월에 있을 제일모직 공모주 청약을 생각하면 가슴이 두근거렸다. 삼성SDS와 제일모직(구 삼성에버랜드)의 상장은 공모주 투자자들에게는 '축제의 장'이었다. 삼성SDS와 제일모직은 삼성이라는 대기업 계열사인데다가 이 두 회사의 상장은 '삼성그룹의 후계 승계구도'라는 큰 의미를 가지고 있었다. 서씨는 가용한 자금 5억원을 총 동원하여 두 회사의 공모주 청약에 참여할 계획을 갖고 있었다.

2014년 11월, 삼성SDS의 청약이 시작되었다. 삼성SDS의 청약경쟁률은 '134 : 1'이었고 공모가는 주당 19만원 이었다. 134대 1이라는 청약경쟁률과 50% 청약증거금(발행회사가 불특정 다수인을 상대로 유가증권을 모집 또는 매출할때 그 응모자가 주식대금 또는 회사채의 대금을 납입하기에 앞서 그 증거금으로 증권사에 예치하는 금액. 일반적으로 개인 투자자는 신청물량의 50%다.)을 감안하면, 5억원을 청약했지만, 40주만 배정받았다. 40주에 대한 투자금액은 최종적으로 760만원에 불과했다. 5억원을 청약했지만, 760만원 어치 만 살 수 있었던 것이다. 서씨는 공모주 투자를 할 때, 상장 첫날 무조건 매도한다는 원칙을 갖고 있기 때문에 상장 첫날 시초가가 100% 상승하여 주당 38만원이 된다고 하더라도 수익금액은 760만원이다. 5억원을 투자한 것 치고는 기대수익이 작다고 생각되는가?

이것을 기간으로 따져보면 결코 작은 수익이 아니다. 서씨가 삼성SDS 공모주 청약을 위해 5억원을 증권사에 맡기는 기간은 4일이다. 당시 은행예금 금리가 2% 수준이었으므로 5억원에 대한 4일의 기회비용은 10만원 정도에 불과하다. 삼성SDS를 상장 첫날 매도하여 벌어들이는 기대수익은 760만원이므로 5억원을 4일간 투자하여 벌어들이는 순수익은 750만원이 된다. (760만원 − 기회비용 10만원) 이것을 기간을 감안한 연환산수익률로 계산해 보면, 137%가 나온다. 증권사에 계좌를 트고 자금을 몇 번 이동하는 것만으로 이정도 수익률을 거둘 수 있는 것이다.

실제로 삼성SDS는 2014년 11월 14일에 상장되어 시초가가 공모가 19만원의 두배인 38만원으로 시작했다. 서씨는 상장 첫날 시초가를 결정하는 동시호가에 40주를 모두 매도하여 예상했던 수익을 거둘 수 있었다.

2014년 12월에 진행되었던 제일모직 공모주 청약을 살펴보자. 서씨는 삼성SDS 공모주 투자를 성공적으로 마친 후, 제일모직 공모주에도 청약했다. 제일모직은 삼성SDS에 대한 공모주 투자자들이 투자에 성공하자, 더 많은 투자자들이 몰려들었다. 공모주 청약 사상 최대인 30조원의 자금이 몰렸으며, 청약경쟁률은 '195 : 1'이었다.

서씨는 이번에도 역시 5억원을 청약하였으며, 제일모직의 공모가는 주당 53,000원, 195대 1의 청약경쟁률과 50%의 청약증거금을 감안하여 97주를 배정받았다. (청약증거금률이 50% 이기 때문에 5억원을 맡기면 10억원 어치를 청약할 수 있다.)

제일모직은 2014년 12월 18일에 상장하였고, 상장 첫날 시초가가 공모가 53,000원의 두배인 106,000원으로 결정되었다. 서씨는 이번에도 역시 시초가가 결정되는 동시호가에 97주를 전량 매도하여 5,141,000원의 수익을 거둘 수 있었다.

이것을 투자 기간을 감안한 연환산수익률로 따져보면, 91%에 달하는 높은 수익률이다. 서씨가 5억원을 은행예금에 1년간 넣으면 받을 수 있는 이자금액이 당시 금리 2% 정도라고 감안하면, 1천만원 수준인데, 두건의 공모주 투자를 하면서 5억원을 8일간 증권사에 맡기고 벌어들인 수익이 1,274만원인 것이다. 은행 예금의 수익률과 비교하면 상당히 큰 수익이라고 볼 수 있다.

앞에서 주식투자는 변동성이 크기 때문에 기대수익이 높은 만큼, 위험을 감수해야 한다고 했다. 그렇다면, 공모주 투자도 위험을 감수하는 투자일까? 그렇지 않다. 공모주 투자의 본질은 비상장 상태일 때의 거래가격과 공모가의 차이를 이용한 '차익거래'라고 볼 수 있다.

삼성SDS의 예를 들어보면, 삼성SDS가 상장하기 직전의 장외 거래가격은 주당 35만원 수준이었다. 결정된 공모가 19만원보다 16만원이나 높은 수준이다. 상장 첫날 시초가는 동시호가에서 결정되는데, 공모가의 90%에서 최대 두배가 되는 금액까지 결정될 수가 있다. 즉, 17만1천원에서 38만원 사이에서 시초가가 결정되는 것이다. 공모주 투자에 참여하는 투자자들은 상장 첫날 시초가가 적어도 상장 직전 거래가인 35만원 수준으로 결정될 것이라고 기대하고 투자하는 것이다.

그렇다면, 투자자들은 싼 공모주 투자를 하지 왜 비싼 비상장 상태의 주식을 살까? 앞서 삼성SDS와 제일모직의 예를 들었지만, 비상장 상태의 장외거래가와 공모가와의 괴리가 큰 '인기 있는 주식'은 청약을 하더라도 청약경쟁률 때문에 배정물량이 적다.

삼성SDS와 제일모직이 공모주 투자자들에게 '축제의 장'이었던 이유는 공모 금액이 워낙 커서 투자자들이 그나마 많은 물량을 배정받을 수 있었던 데에 있다. 규모가 작은 중소기업들이 공모를 할 경우, 공모가와 장외거래가 간에 괴리가 큰 인기 있는 주식의 청약경쟁률은 '1,000대 1'을 상회하는 경우도 있다.

따라서, 삼성SDS와 제일모직이 상장했던 2014년에는 공모주 투자를 전문으로 하는 개인투자자들의 수익률이 20% 수준까지 올라갈 수도 있었다. 하지만, 2014년은 좀 특별했고, 원래 공모주 투자를 전문으로 하는 투자자들의 수익률은 년 5%~7% 수준으로 알려져 있다.

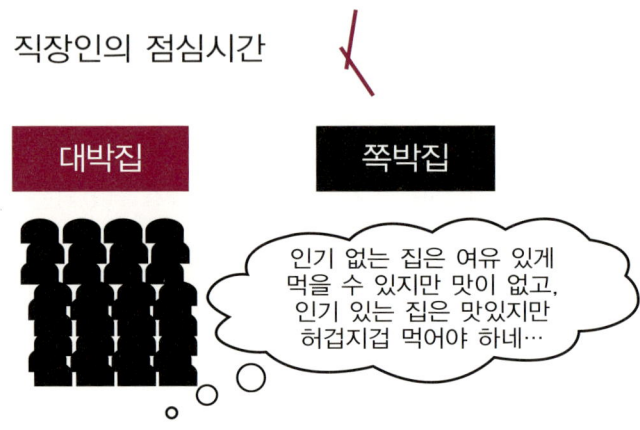

　　　　　　50대 중반의 나씨는 몇 년간 공모주 투자를 하여 평균 5~8%의 괜찮은 수익률을 기록해 왔다. 그는 주로 공모 경쟁률이 높은 주식에 청약하여 적은 물량을 배정 받았지만, 그 대신 그가 투자한 주식은 상장시 항상 공모가보다 시초가가 높게 형성되어 안전하게 수익을 획득했다.

　나씨는 투자 경험이 쌓이면서 기업을 분석하는 능력도 많이 좋아졌다. 처음에는 기업의 재무제표도 볼 줄 몰랐지만, 투자를 하기 위해 공부를 하다 보니 기업 재무제표는 물론이고 투자기업의 아이템이나 성장 가능성도 타진해 볼 수 있는 수준이 되었다.

　나씨는 공모주 투자로 항상 수익을 내 왔지만 아쉬운 점도 있었다. 공모주 투자를 하면서 아쉬운 점은 인기가 높은 주식은 청약경쟁률 때문에 너무 적은 물량을 배정 받는 다는 것이었다. 그는 간혹, 별로 인기가 없어서 청약경쟁률이 낮았던 주식이 의외로 상장 첫날 상승하는 모습을 보고 아쉬워했다. 나씨는 인기가 없는 주식에는 청약을 하지 않았기 때문이다. 청약경쟁률이 낮은 주식은 많은 주식을 배정받을 수 있고, 많이 배정받은 주식이 상장 첫날 의외로 상승을 하게 되면 큰 수익을 안겨 주기 때문이다.

나씨는 청약경쟁률이 낮은 공모주식 중 상승할 가능성이 있는 주식에 청약을 해 보기로 했다. 그가 주목한 공모주는 2015년 6월에 상장을 한 P사였다. 이 회사는 우량한 IT 기업으로 매년 200억~300억원의 이익을 내고 있었다. 공모가 끝나면 회사가 보유한 현금은 천억이 넘으며, 부채를 제외한 순자산가치만 해도 1,300억원에 달했다.

2015년도 바이오 기업 주식 열풍으로 바이오 기업은 각광을 받았으나 IT 기업들은 투자자들에게 인기가 없었다. P사는 청약경쟁률이 '70 : 1'로 낮은 수준이었고, 나씨는 처음으로 인기 없는 공모주에 투자했다.

P사의 공모가는 3만원이었고, 상장직전 비상장 주식일 때 거래가격은 공모가인 3만원 수준이었다. P사의 비상장 장외가격이 최고 4만5천원을 넘었던 적이 있었기 때문에 나씨는 상장 첫날 시초가 4만원 수준을 내심 기대했다. 낮은 청약경쟁률로 인해 많은 물량을 배정받았기 때문에 30%만 높게 팔아도 높은 수익이 기대되었다.

하지만, 그것은 나씨의 희망에 불과했다. 상장 첫날 동시호가를 통해 결정된 P사의 시초가는 공모가 3만원 보다 10% 하락한 27,000원이었다. 공모주 투자를 하면 항상 상장 첫날 시초가에 매도했던 나씨는 이 날 시초가에 매도하지 못했다. 예상이 완전히 빗나갔기 때문에 어쩔 줄 몰랐던 그는 P사의 주가가 추가로 더 하락하자 불안감을 견디지 못하고 25,000원 부근에서 전량 매도했다.

나씨의 사례는 공모주 투자가 반드시 안전하지만은 않다는 것을 보여준다. 앞서서 공모주 투자의 본질은 차익거래라고 설명한 바 있다. 상장 전 장외거래가격과 공모가의 차이 만큼 차익이 발생하기 때문이다. 그러나, 모든 상장업체의 상장 첫날 시초가가 공모가보다 높은 것은 아니다. P사의 사례처럼 공모가의 90%로 시초가가 형성 될 수도 있다.

시초가의 결정은 동시호가의 수요와 공급에 의해서 결정된다. 결국, 주식을 사고 싶어하는 사람이 많아서 높은 가격에 사겠다고 많은 사람들이 주문을 넣어야 시초가가 올라서 결정되고, 매수자가 낮은 가격에 주문을 넣게 되면 시초가가 낮게 결정된다.

공모주 투자자들에게는 시초가가 매우 중요하다. 공모주 투자는 한 종목을 장기적으로 보유하고자 매수하는 방식의 투자가 아니기 때문이다. 빨리 매도하고 자금을 회수하여 다른 공모주에 청약해야 한다. 투자를 할 때마다 작은 수익이라도 꾸준히 내는 것이 공모주 투자의 방식이다.

예를 들어 설명해 보겠다. 어떤 공모주 투자자는 청약 경쟁률이 높은 종목으로 일년에 20건의 공모주 투자를 한다고 가정해 보자. 청약 경쟁률이 평균 500 : 1 이라면, 청약 대금의 0.4%를 배정받는다. (청약증거금률 50% 기준) 상장 첫날 매도했을 때, 투자 건당 평균 50% 수익을 낸다고 가정하면, 일년 동안 20건의 투자로 투자원금의 4%의 수익을 얻는다. 20건의 투자를 위해 증권사에 청약금이 들어가 있는 날수는 건당 4일로 계산하면 80일 정도이고, 공모주 투자를 하지 않는 날은 증권사 CMA 등으로 자금운용을 하기 때문에 CMA 이자로 1% 정도가 추가된다.(285일간의 CMA 수익) 이런 경우에

년 수익률이 5% 정도 되는 것이다. (년간 공모주 투자 수익 4% + CMA 수익 1%)

나씨가 P사의 공모주를 투자한 앞의 사례에서 P사의 공모주 매매를 통해 입은 손실은 투자 원금 총액의 0.5% 수준이다. 공모주 투자 20건 중 한 건에서 0.5% 손실을 입게 되면, 년 수익률은 5%에서 4.5%로 낮아지게 된다. 이러한 점을 감안하면, 공모주 투자는 리스크를 걸고 높은 수익을 기대하는 것 보다는 작은 수익을 계속 발생시키는 것에 묘미가 있는 투자라는 것을 알 수 있다.

'티끌 모아 태산' 이라는 말이 있다. 공모주 투자는 큰 수익을 바라는 투자 방식이 아니다. 작은 수익을 끌어 모으다 보면 나중에 합산해서 큰 수익이 된다. 1%대 저금리 기조에서는 년 5%의 수익률도 꽤 높은 편이다.

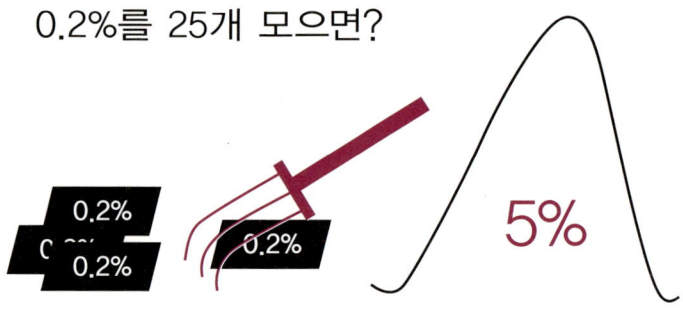

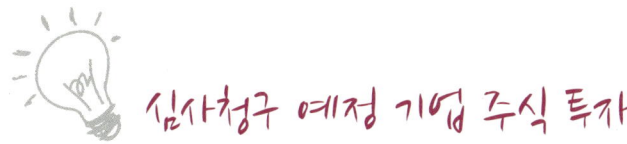
심사청구 예정 기업 주식 투자

　　2013년 7월, 코스닥 심사청구 예정 기업에 몇 번 투자를 하여 성공한 경험이 있는 30대 직장인 함씨는 심사청구 예정 기업 중 당시 가장 각광받는 IT 산업분야인 스마트폰 관련 산업을 영위하고 있는 비상장 기업을 찾다가 O기업을 알게 되었다. 이 기업은 반도체 장비 업체로 분류되었지만, 삼성이나 LG 등 대기업에서 스마트 폰을 생산할 때, 꼭 필요한 장비를 생산하여 대기업에 공급하고 있었다.

　　함씨가 이 기업의 2012년도 실적을 확인해 보니, 매출 400억원에 영업이익 60억원을 시현하여 안정적인 기업으로 판단되었다. 좀 더 조사를 해보니 2013년도 상반기 매출액이 이미 작년 매출액을 훨씬 넘어섰다는 소문이 있었고, 곧 코스닥 상장 심사를 청구할 수 있다는 뉴스도 눈에 띄었다.

　　그가 증권사에 근무하고 있는 친구에게 전화를 걸어 확인을 해보니 이 기업이 모 증권사와 코스닥 상장을 위한 주간사(상장 주간사는 증권사의 업무영역으로 비상장 기업이 상장을 할 때, 상장과 관련된 업무를 대행해 주고 수수료를 받는다.) 계약을 체결하고 상장을 준비하고 있다는 것이 이미 많이 알려진 사실이라는 이야기를 듣게 되었다.

이 기업의 장외 거래가를 확인해 보니, 주당 3만원 수준으로 연초 대비 50% 이상 올라있는 상황이었다. 함씨는 이 기업의 매출액이 전년 대비하여 급격하게 증가하고 있다는 점과 조만간 코스닥 상장을 위한 심사청구를 할 가능성이 높다는 점을 투자 포인트로 삼아 투자하기로 결심했다. 그는 비상장 주식 투자를 위해 준비해 놓은 여유자금 3천만원을 모두 이 기업 주식에 투자했다.

앞서서 비상장 기업 투자는 기본적으로 '장기 투자'라고 설명했다. 그러나 함씨처럼 심사청구 예정 기업에 투자하는 투자자들은 장기 투자를 생각하는 것이 아니라 1년 이내에 회수를 목표로 하는 '중 단기 투자'의 개념이다.

비상장 주식 투자의 가장 큰 어려움은 투자를 한 기업의 상장일이 지연될 때이다. 비상장 주식이 가장 활발하게 거래되는 시점은 비상장 기업이 상장을 위한 심사청구를 하고 나서 상장할 때까지이다. 결국, 상당수의 투자자들은 상장이 불확실한 상태의 비상장 기업에 투자하는 것보다는 상장이 확정된 기업의 주식에 투자하고 싶어하는 경향이 있다는 것을 뜻한다. 비상장 주식 보다는 상장주식이 회수가 용이하기 때문이다. 따라서, 비상장 기업이 상장이 되지 않을 경우 투자자들에게는 회수의 위험이 존재한다. 이것을 비상장 기업의 '상장 Risk(위험)'라고 한다.

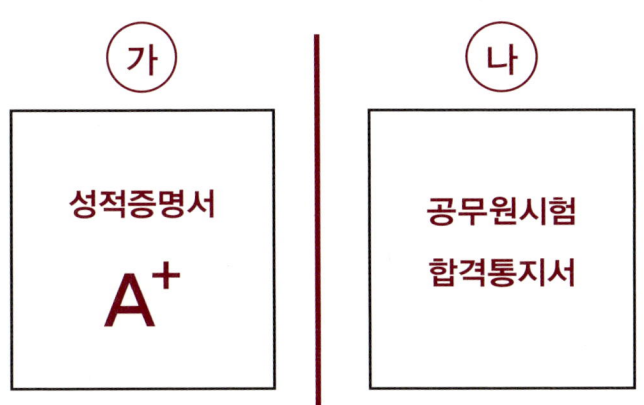

상장 위험이 존재하는 비상장 주식

함씨가 2013년 7월에 투자한 비상장 기업은 함씨가 투자한 후 거래가격이 10% 정도 하락했다. 그는 단기적으로는 투자결과에 대해 실망하였으나, 투자 후 4개월이 지난 그 해 11월에 이 기업은 코스닥 상장을 위한 예비심사를 청구했다. 함씨는 본인이 생각했던 일정대로 투자한 기업이 심사청구를 하자 흥분이 되었고, 연말이 되자 거래가격은 함씨의 투자원금 수준으로 상승했다.

해를 지나 2014년 1분기가 되자, 이 회사의 주식 거래가격은 함씨가 투자한 가격에서 20% 정도 상승하여 함씨는 양호한 투자수익을 거두며 매도할 수 있는 상황이 되었다. 하지만, 그는 이 회사가 코스닥 상장심사에 통과를 하게 되면, 주가가 더 오를 수 있을 것이라고 예상하여 계속 보유했다.

그러던 어느 날, 함씨에게는 청천벽력(靑天霹靂, 맑게 갠 하늘에서 갑자기 떨어지는 벼락이라는 뜻으로 돌발적인 사태를 이르는 말.) 같은 뉴스가 보도되었다. 함씨가 투자한 이 기업이 코스닥 심사청구를 철회해 버린 것이다.

이 기업은 2013년까지 초고속으로 매출이 성장하였으나, 2014년에 들어와서 거래하는 대기업의 수주가 급감하여 매출액이 2013년도 대비하여 30% 수준으로 감소할 것으로 예상되었다. 이렇게 되자, 2014년도 실적은 상당한 손실이 발생할 것으로 예상되어 코스닥 상장 심사에 통과하기 어려운 지경에 이른 것이었다.

　이 회사의 상장 심사 철회 이후, 주식의 거래가격은 반토막이 났다. 함씨는 뉴스 기사를 보자마자 주식을 팔기 위해 내 놓았으나 시장에서 이 주식을 사겠다는 사람들은 자취를 감추었다. 함씨는 큰 손해를 보고 매도할 수가 없어서 장기 투자로 전환했다. 의도치 않게 장기 투자가 되어 버린 것이다.

　함씨가 투자한 기업은 실적이 악화되긴 했지만, 망한 것은 아니었다. 코스닥 상장이 확실하다고 믿었던 기업이 상장 계획을 철회하고 상장이 불확실해지자, 투자자들이 이 기업 주식에 대한 투자를 외면한 것이다. 이처럼 비상장 주식에 대한 투자는 항상 기업의 '상장 리스크'가 존재하므로 이 부분을 감안하여 투자하는 것이 좋다.

초등학생들의 상장 리스크?

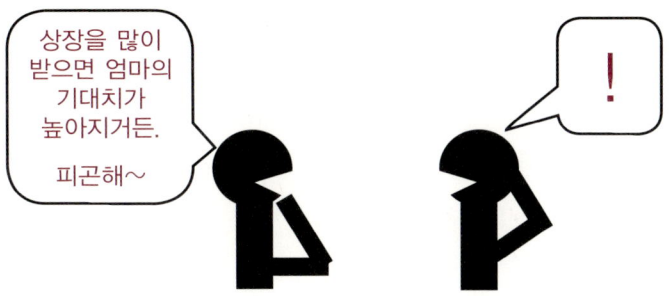

 ## 상장 리스크를 대비하는 투자전략

앞서 함씨의 사례에서도 알 수 있듯이 개인투자자의 제한적인 정보력을 가지고 비상장 기업이 상장을 할 수 있을지 없을지에 대해서 판단하는 것은 어렵다. 빠르게 변화하는 기업의 경영환경의 변화를 기업의 내부자도 아닌 외부 개인투자자가 상세하게 알 수는 없기 때문이다. 그나마 상장된 기업이라면, 공시의무가 있기 때문에 분기별 공시를 보고 어느 정도 파악이 가능하지만, 비상장 기업은 공시의무가 없기 때문에 개인투자자들이 정보를 취득하기가 용이하지 않다.

따라서, 개인투자자가 심사청구 예정인 비상장 기업에 투자를 할 때에는 상장 가능성에 대한 철저한 분석 후 투자하는 것이 좋다. 상장 가능성이 애매하다고 판단되면 투자를 다시 생각해 보는 것이 현명하고, 확실하게 상장할 수 있다는 판단이 들었을 때 투자를 집행하는 것이 위험을 줄이는 방법이다. 그렇다면, 상장 리스크를 대비하려면 어떤 점에 유의해야 할까?

1. 매출 성장세가 투자시점 이후 적어도 1년 이상 지속되는 기업이 좋다.

앞서 설명한 함씨의 투자 사례에서 볼 때, 함씨가 투자한 기업은 그가 투자한 2013년도에 이례적으로 높은 매출을 달성했다. 만약, 그 다음해인 2014년도에 코스닥에 상장할 계획이라면 2014년도 매출이 2013년도 매출보다 더 성장해야 상장 가능성이 높아진다. 상장 시점에서 성장을 지속하지 못하고 실적이 꺾이는 추세라면, 상장신청을 하더라도 상장 심사 통과가 불투명하다.

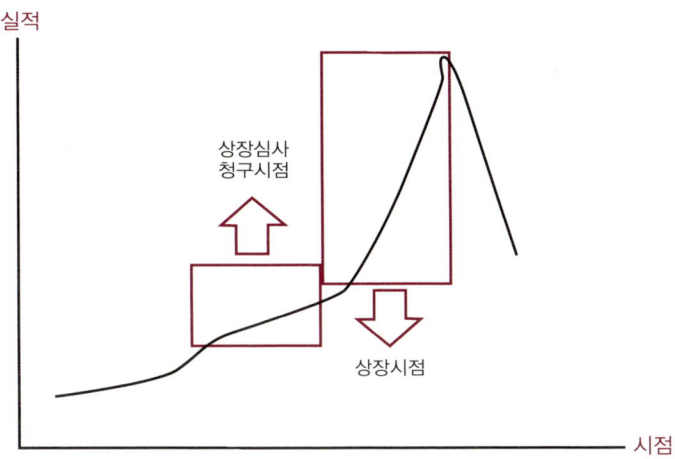

기업 실적 변화에 따른 상장 시점 분석

함씨가 투자했던 기업은 대기업의 스마트폰 생산량 증가와 더불어 2012년도 실적이 상장심사를 청구할 수 있는 수준이었다. 2013년도에 이례적으로 수주가 급증하여 사상 최대의 실적을 달성할 것으로 기대되었지만, 2014년도에도 성장세가 지속될지는 명확하지 않았다.

기업이 단기적으로 꼭 상장을 해야 한다고 했다면, 2012년도 실적을 바탕으로 2013년 상반기에 상장심사를 청구하고 적어도 2013년 하반기에 상장을 완료하는 일정으로 진행했어야 했다. 그러나, 이 기업은 이 시기를 놓치고 2013년말에 상장심사를 청구하여, 실적이 꺾일 것으로 예상되었던 2014년도에 상장심사를 받는 일정으로 진행했기 때문에 상장에 실패한 것이다.

함씨는 투자한 기업이 1년 이내에 상장을 할 것으로 기대하고 투자기간을 1년 이내로 설정했다. 그렇다면, 투자한 기업의 성장세가 투자시점 이후 적어도 1년 이상 지속될 여부에 대해서 꼼꼼하게 분석하고 투자를 해야 했다. 전년도 보다 갑자기 3배 이상 매출을 했다면, 이것이 일시적인 매출인지 그 다음해에도 지속될 수 있을만한 매출인지를 따져봐야 하는 것이다.

비상장 기업의 향후 몇 년의 실적을 예측하는 것은 그 기업의 CEO도 어렵다. 하물며 외부 개인투자자가 기업의 미래 실적을 어떻게 예측할 수 있겠는가! 다만, 여러가지 정황과 자료들을 분석해보면 적어도 투자시점 이후 1년 정도의 매출은 짐작이 가능하고 이 정도는 그렇게 어렵지 않다. 1년 정도의 계획은 이미 기업의 사업계획에 반영되어 있기 때문에 투자 대상 기업의 사업계획에 대한 정보를 가지고 투자자 입장에서 판단하면 되는 것이다.

2. 상장 전이라도 기회가 있을 때 매도하는 것도 방법이다.

　비상장 기업에 투자를 하면, 그 기업에 관심을 갖고 나름대로 정보를 수집하는 노력을 해야 한다. 기업의 성장성에 대하여 확신을 가질 수가 없다면, 상장 전이라도 기회가 있을 때 매도하는 것도 방법이다.

　함씨는 투자 이후 몇 개월 동안은 투자기업 주식의 거래가격이 하락했으나, 이 기업이 상장을 위한 예비심사 청구를 발표하자 주가가 상승하기 시작했으며, 심사청구 발표 몇 개월 후에는 주가가 함씨의 투자가격보다 20% 이상 상승했다. 이러한 상황에서는 상장 전이라도 매도를 고려해 볼만하다. 만약, 이 때 매도했다면 함씨는 이 투자건도 성공적인 투자건으로 기록되었을 것이다.

3. 기관투자자가 Pre IPO 투자를 한 기업은 상장 가능성이 높다.

　Pre IPO 투자란, 투자를 유치하는 기업이 벤처캐피탈 등 기관투자자들을 상대로 일정기간 내에 상장하겠다는 약속을 하고, 투자자들은 기업 상장 때 주식시장에서 지분을 매각하는 조건으로 투자하는 방식이다. 이때 투자 유치 기업 또는 기업의 대주주는 약속기간 내에 상장되지 않으면 매각한 지분을 다시 사들여야 할 의무를 지니는 경우가 많다.

이처럼, 기업이 Pre IPO 투자를 유치하게 되면, 상장을 하지 못할 경우 짊어지게 되는 의무 때문에 상장에 성공하기 위해서 최선을 다한다. 벤처캐피탈 등 기관투자자들은 큰 자금을 한꺼번에 투자하면서 상장과 관련된 부분에 대해서도 까다롭게 문서화 하여 계약을 체결한다.

소액을 투자하는 개인투자자들의 주식 거래는 주로 주주간의 개인적인 거래로, 회사의 의지와는 상관없이 이루어진다. 따라서 개인투자자들은 상장이 지연되거나 회사에 안 좋은 상황이 벌어지더라도 주주총회에 참석하여 몇 마디 하는 것 외에 할 수 있는 것이 별로 없다. 회사에 대해서 상법상 주주의 권리를 넘어서는 권리를 요구할 수 없는 것이다.

그에 비해서 기관투자자들은 상법상 주주의 권리 이외에 투자기업과 체결한 계약에 근거한 권리를 갖고 있다. 이들은 투자기업이 계약을 위반할 경우, 강력하게 경고를 할 수도 있고 필요하면 법적 조치까지 할 수 있다. 따라서, 기관투자자가 Pre IPO 투자를 한 기업에 개인투자자가 투자를 하게 되면 상장 진행 등에 관해서 기관투자자가 자동적으로 관리를 하기 때문에 상장에 대한 리스크가 줄어들 수 있다.

다만 주의할 점은, 기관투자자가 Pre IPO 투자를 했다고 해서 100% 상장을 할 수 있을 것이라고 맹신해서는 안 된다. 기관투자자들도 Pre IPO 투자를 해서 100% 성공을 하는 것은 아니다. 간혹 투자에 실패하여 큰 손해를 보는 경우도 있다.

따라서, 본인의 판단에 의해서 투자할 기업을 선정하되, 기관투자자들의 Pre IPO 투자 유무를 투자에 참고하는 정도로 활용하면 좋겠다.

10장

벤처기업
투자

어느 회계사의 이유 있는 벤처투자

　　1997년, 공인회계사 신씨는 대형 회계법인에서 근무하다가 동료 회계사 몇 명과 함께 독립하여 별도의 작은 회계법인을 설립했다. 처음에는 큰 울타리에서 벗어나 허허벌판에 혼자 서 있는 기분이었지만, 열심히 하는 만큼 대가가 올 것이라는 믿음을 가지고 영업을 위해 뛰어다녔다.

　　신씨는 자신의 회계법인 규모가 작았기 때문에 큰 기업에 대한 수주는 어려울 것으로 판단하여 틈새시장을 공략하기로 결정했다. 세무 및 기장업무를 수주하기 위해 경기도 지역 공단에 입주해 있는 중소기업에 팜플렛을 돌린다든지, 서울 지역에서도 직원이 몇 명 되지 않는 소규모 회사를 방문하여 영업을 했다. 열심히 발로 뛴 덕분에 여러 소규모 기업들로부터 세무 및 기장업무를 수주하여 순조롭게 일이 풀리는 듯 했다.

　　신씨가 독립한 해인 1997년, 대한민국에 외환위기(대외 경상수지의 적자 확대와 단기유동성 외환 부족 등으로 대외 거래에 필요한 외환을 확보하지 못하여 국가 경제에 치명적인 타격을 입게 되는 현상. 경제 선진국인 영국과

멕시코가 위기를 겪어 IMF의 원조로 극복하였고, 1997년 여름 이후에는 태국, 인도네시아 등 아시아 국가들도 외환위기를 맞게 되었다. 대한민국은 금융기관의 부실, 차입 위주의 방만한 기업경영으로 인한 대기업의 연쇄부도, 대외신뢰도 하락, 단기외채의 급증 등으로 1997년 외환위기를 겪게 되었다. 대한민국 정부는 모라토리움(채무지불유예) 선언을 할 사태에 이르자 1997년 12월 IMF에 구제금융을 신청하여, IMF로부터 195억 달러, 세계은행(IBRD)과 아시아개발은행(ADB)으로부터 각각 70억 달러와 37억 달러를 지원받아 외환위기의 고비를 넘겼다.)가 닥쳤다. 신씨의 회계법인 역시 외환위기로 인해 큰 타격을 받았다. 외환위기로 인해 기업들이 망하면서, 일을 해주고 대금을 받지 못하는 상황이 벌어진 것이다.

망하지 않고 버티고 있는 기업들도 자금사정이 어려웠기 때문에 회계법인에 줄 대금을 차일피일 미루는 실정이었다. 그런 와중에 한 거래 기업의 사장이 신씨에게 한가지 제안을 했다.

"아시다시피 상황이 좋지 않아서 직원들 월급도 제때 주지 못하고 있습니다. 신회계사님께는 면목이 없네요. 그래서 드리는 말씀인데, 그 동안 밀린 기장 및 감사보수를 우리회사 주식으로 드리면 어떻겠습니까?"

그 당시 신씨가 볼 때는 이런 작은 기업의 주식을 받아봐야 현금화 시키는 것은 어려울 것으로 판단했지만, 거래 기업의 사정도 모른 채 할 수는 없었고 아무것도 안 받는 것보다 주식이라도 받는 것이 낫겠다 싶었다. 그래서 밀린 기장료와 감사보수를 이 회사의 주식으로 받다 보니, 이것도 나쁘지 않은 방법이겠다 싶어서 신씨는 수금이 안 되는 다른 거래회사에 가서 이런 방법을 제안하기 시작했다.

　어느덧 수금을 하지 못하여 현금 대신 주식으로 받은 거래 기업이 20군데가 넘게 되었고, 신씨는 의도하지 않았지만 중소기업의 주식에 투자한 상황이 되었다. 이 후 곧 외환위기는 진정되었다. 외환위기 이 후 정부는 '벤처특별법'을 선포하면서 벤처기업 육성에 나섰는데 이로 인해 많은 중소기업들이 코스닥에 상장을 하게 되었고, 코스닥 시장은 2001년도까지 급속도로 팽창했다.

　이 시기에 신씨가 주식을 보유하고 있던 기업 20여군데 중 3군데가 코스닥 상장을 했고 신씨는 벤처기업 주식을 현금화 할 수 있었다. 이 때는 네델란드 튤립 버블(17세기 네델란드에서 발생한 튤립에 대한 과열투기현상으로, 역사상 최초의 자본주의적 투기라 전해진다. 당시 네델란드는 작물산업의 호황과 동인도회사 등에 기초한 풍부한 재정에 힘입어 유럽에서 가장 높은 1인당 국민소득을 기록했고, 이로 인해 부에 대한 개인들의 과시욕이 상승하면서 튤립 투기가 발생하게 된 것이다. 이후, 튤립버블은 정보기술(IT) 거품이나 부동산 거품 등이 부각될 때 거품의 역사적 선례로 많이 오르내리는 말로 등장했고, 최근에는 자산가격이 내재 가치에서 벗어나는 경제 거품을 가리킬 때도 사용되고 있다.)에 버금가는 벤처버블이 일어났던 시기였기 때문에 신씨가 3군데 기업의 주식을 코스닥 시장에서 매도하여 회수한 돈은 100억원을 넘어서는 수준이었다.

벤처기업 투자의 본질

  벤처기업 투자와 앞서 9장에서 설명한 심사청구 예정 기업 주식 투자와는 어떻게 다른 것일까? 두 가지 투자가 같은 것처럼 보일 수도 있지만, 투자자 입장에서 투자를 하는 관점에서 보면 완전히 다르다. 벤처기업 투자나 상장 예정 기업 투자나 둘 다 비상장 기업에 투자를 하는 것이다. 상장 예정 기업 투자를 벤처기업 투자와 동일한 개념으로 보기는 어렵다.

  '코스닥에 상장 예정인 기업의 대부분이 정부가 인증한 '벤처기업'인데, 이런 기업에 투자하는 것이면 벤처기업 투자 아닌가?'라고 생각할 수 있을 것이다. 형식적인 측면에서 보면, 그렇게 생각할 수도 있다. 하지만, 이 책에서 설명하는 것은 본질적인 측면이지 단순한 형식을 설명하는 것이 아니다. 그렇게 따진다면, 코스닥에 이미 상장되어 있는 기업들의 상당수가 정부가 인증한 '벤처기업'인데, 상장기업 주식을 거래하는 것이 벤처기업 투자라고 볼 수 있는 것일까?

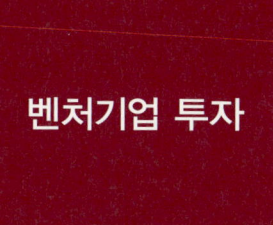

　상장 예정 기업 투자와 벤처기업 투자의 차이점은 '회수에 대한 불확실성'에 있다. 상장 예정 기업에 투자하는 투자자는 기업이 상장을 할 때 회수를 하겠다는 생각으로 투자를 하며, 투자자는 그 기간을 어느 정도 예측하고 투자한다.

　벤처기업 투자를 하는 투자자도 이 기업이 상장을 하거나 M&A가 되거나 할 때, 회수를 하겠다고 생각을 하고 투자를 한다. 그러나 그것이 언제 이루어질지 매우 불확실한 상황에서 투자를 하는 것이다. 회수시점이 1년 후가 될 수도 있고, 2년 후가 될 수도 있고, 5년 후가 될 수도 있고, 10년 후가 될 수도 있다.

　회수가 불확실 하다는 것은 투자자 입장에서 투자를 망설이게 되는 결정적인 요인이다. 벤처기업 투자는 최악의 경우 투자기업이 망할 수도 있다는 가정을 하고 투자를 해야 한다. 투자기업이 망하면, 투자원금은 한 푼도 건지지 못하게 되며, 전액 손실로 처리해야 한다.

앞서 설명한 사례에서 회계사 신씨는 기업에 대한 외상매출금을 그 기업의 주식으로 대신 변제(performance, 辨濟, 채무를 이행하는 일) 받았지만, 변제 받은 주식이 언제 현금화 될지 알 수 없었다. 20여개 기업의 주식 중 3군데만 코스닥에 상장을 하여 회수할 수 있었으나, 나머지 기업의 주식은 고스란히 손실을 보고 말았다.

하지만, 신씨가 3군데 기업의 주식을 코스닥 시장에서 매도하여 회수한 금액은 20여군데 기업의 외상매출금을 모두 합친 것의 50배가 넘는 금액이었다. 신씨는 소위 말하는 '대박'을 맞은 것이다.

결국, 벤처기업 투자의 본질은 투자에 대한 위험이 매우 높지만, 만약 성공을 했을 경우에 투자수익은 그 위험에 비례하여 매우 높다는 데에 있다.

최초의 벤처기업 투자의 형태는 1492년 스페인의 이사벨라 1세(벤처 투자자)와 콜럼버스(벤처기업)라고 한다. 1492년, 콜럼버스는 3척의 범선을 이끌고 스페인의 팔로스만을 출항했다. 콜럼버스는 '지구가 둥글다'는 이론을 믿었고, 그 이론에 따라 바다 서쪽으로 계속 항해하다 보면 배로 인도에 도달할 수 있을 것이라는 사업계획을 제시했다. 이사벨라 여왕은 주위의 반대를 물리치고, 콜럼버스에게 자금을 지원했고 콜럼버스가 성공하자 콜럼버스가 가져온 향료와 황금으로 높은 투자수익을 거두었다.

당시 콜럼버스는 스페인의 이사벨라 여왕뿐만 아니라, 여러나라에 요청을 했다. 포르투갈에 가서 투자를 요청했을 때, 포르투갈에서는 콜럼버스의 사업계획을 황당한 계획으로 치부해 버렸다. 포르투갈은 많은 항해 경험을 가진 항해 전문가들이 많았기 때문에 콜럼버스를 의욕만 넘치는 경험 없는 젊은이로 치부해 버렸다.

실패할 줄로만 알았던 콜럼버스가 성공하자, 많은 사람들이 콜럼버스처럼 항해에 나섰다. 100여척의 배 중에서 돌아온 배는 3척에 불과했고, 나머지 배는 풍랑에 휩쓸려 영영 돌아오지 못했다. 그러나, 3척의 배에 싣고 온 재화들의 가치는 100여척에 투자한 모든 투자금을 합친 것보다 훨씬 높았다.

여기서 항해에 성공한 배와 선장에 투자한 투자자들은 엄청난 수익을 거두었으나, 성공하지 못한 배와 선장에 투자한 투자자들은 투자금을 전액 손해 볼 수 밖에 없었다. 성공한 배는 3척에 불과했으므로 성공확률은 3%에 불과하고, 실패확률은 97%에 달했다.

 벤처기업에 투자해서 성공할 확률

벤처 투자의 성공확률은 매우 낮다. 혹자는 로또복권을 사서 당첨이 될 확률과 비교하기도 한다. 벤처 투자를 해서 성공할 확률은 로또복권에 당첨될 확률 만큼이나 희박하다는 것이다. 과연 그럴까?

EBS의 발표자료에 따르면 샤워를 하다가 욕조에서 넘어져 죽을 확률은 '80만분의 1' 이고, 벼락에 맞아 죽을 확률은 '429만분의 1'이라고 한다. 로또에 당첨될 확률이 '815만분의 1'이니, 로또에 당첨되는 것은 벼락 맞아 죽을 확률보다 두 배나 어렵고, 욕조에서 넘어져 죽을 확률보다 10배나 어렵다.

그렇다면, 투자자가 고심하여 투자검토를 한 후, 벤처 투자를 했을 때 성공할 확률은 얼마나 될까? 정확한 통계는 나와있지 않지만, 대충 짐작은 할 수 있다.

벤처 투자를 로또에 비교하는 사람들은 모든 창업한 중소벤처기업이 상장까지 할 확률을 따지는데, 그것은 확률적으로 매우 낮을 수 밖에 없다. 하지만, 이것은 논리적으로 모순이 있다. 모든 창업한 중소벤처기업에 모두 투자를 하는 것은 아니지 않는가!

앞서 콜럼버스의 사례가 좋은 사례가 될 수 있다. 콜럼버스의 성공 이후 100여척의 배가 항해를 했지만, 그 중 3척만 성공했다고 한다. 여기서 100척의 선발과정을 주목해야 한다. 투자자들 입장에서 배가 돌아오지 못하면, 투자금 전부를 날리는 상황에서 아무 선장에게나 투자를 했을까?

선장과 선원의 입장에서 생각해보자. 항해에서 성공하면 많은 보상을 받게 되겠지만, 이 항해는 목숨을 걸어야 한다는 것을 누구보다도 스스로 잘 알고 있었을 것이다. 게다가 성공확률도 매우 희박하다. 아무나 지원했을까?

결국 이 투자 건은 돈을 잃을 각오로 고민한 투자자와 실패하면 목숨을 잃을 각오를 한 기업가 간의 투자 매칭(matching)구조였다는 것을 알 수 있다. 이렇게 해서 성공한 확률이 3%이다. 그런데, 이 항해의 성공을 좌우한 것이 선장이나 선원들의 능력 등 내부적인 요소 외에, 날씨 등 외부 환경요소가 크게 작용했다는 점도 주목해야 한다. 콜럼버스의 항해록에 따르면, 신대륙을 발견하기까지 1차 항해기간이 200일에 달했다고 한다. 현대보다 열악한 배와 장비를 가지고 200일간 항해를 하는데, 제대로 된 풍랑을 만나지 않을 확률이 얼마나 될까?

불가능할 것 같았던 15세기의 벤처투자 사례에서 성공확률은 3%였다. 현재 벤처기업 투자의 성공확률은 15세기의 상황에 비해서 훨씬 양호할 것으로 보인다. 벤처 투자를 제대로만 검토한다면 3%보다는 높다고 봐야 한다. 실제로 벤처캐피탈에서 초기 벤처기업에 투자하여 회수한 비율은 10%~50%에 달한다.(국내 벤처캐피탈은 120여개가 있으며 투자에 대한 성공률은 회사마다 각각 다르다)

　보수적인 관점에 입각하여 15세기의 사례를 그대로 들고 와서 벤처 투자 성공 확률이 3%라고 가정해 보자. 로또를 사서 당첨될 확률은 '815만분의 1'이라고 했다. 그렇다면, 벤처 투자를 해서 성공할 확률은 로또 복권을 사서 당첨될 확률에 비해서 24만배 이상 더 높다.

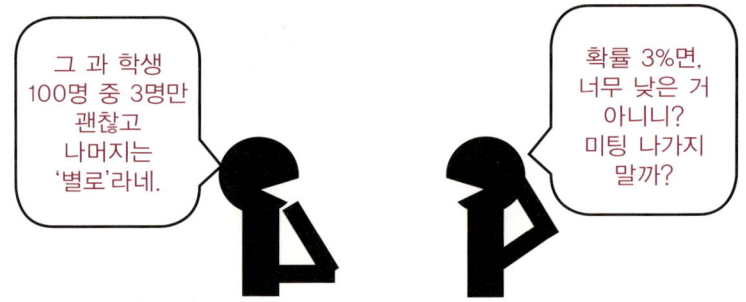

생활 투자 관점에서 본 벤처기업 투자

공과대학을 졸업하여 반도체 엔지니어로 근무하고 있는 박씨는 2009년도에 벤처기업 투자를 제의 받았다. 반도체 장비 회사였는데, 이 회사의 대표이사는 박씨도 잘 알고 있는 사람이었다. 이 회사는 대기업 수주가 증가하고 있어서 설비투자를 했는데, 설비투자를 하다 보니 기업의 운전자금(working fund, 運轉資金, 경영자금이라고도 하며, 설비투자에 소요되는 설비자금과 구별된다.)이 부족하여 투자자를 모으고 있는 상황이었다. (당시 이 기업은 은행 대출을 받을 만큼 받아서 추가로 대출을 받기는 어려웠다.)

박씨가 검토해 보니, ① 이 기업의 대표이사는 그 전부터 잘 알고 있었는데, 기술력도 기술력이지만 영업능력이 뛰어난 사람이고, ② 대기업으로 수주가 증가하고 있는 초기 단계여서 향후 지속적인 성장이 가능해 보였고, ③ 이 기업에 합류한 엔지니어들이 박씨가 보기에는 괜찮은 사람들이었으며, 개발한 장비들이 스마트폰 등 새로운 산업에 적합한 미래지향적인 제품이었다. 박씨는 반도체 엔지니어로서 오랜 생활을 했기 때문에 그 분야의 인력들을 잘 알고 있었다.

박씨는 이 회사가 앞으로 잘 될 수 있는 잠재력이 있다고 생각했고, 잘 알고 있었던 대표이사를 도와준다는 생각으로 주당 2천원(액면가 5백원의 4배수)에 2천만원을 투자했다. 언제 회수할 수 있을지 알 수 없었기 때문에 박씨의 여유자금으로 투자했으며, 이 자금은 투자한 회사가 망해서 한 푼도 건지지 못하더라도 그의 생활에 전혀 지장을 초래하지는 않는 돈이었다.

박씨는 투자한 것에 별로 신경 쓰지 않고 본연의 생활에 열중했으며, 2~3달에 한 번 정도 이 회사의 대표이사와 통화하면서 회사 근황을 듣곤 했다.

박씨가 투자한 지 3년이 지나자, 코스닥에 상장이 가능할 정도로 이 회사의 실적이 좋아졌고, 이 회사의 대표이사로부터 그 다음해에 예정된 수주량이 너무나 많아서 회사에서 감당하기 힘들 정도라는 이야기를 들었다. 박씨가 상장은 언제 하느냐고 물어보니, 대표이사는 상장을 추진하고 있으며 내년에는 신청할 수 있을 것 같다고 답변했다.

회사의 실적이 급격하게 호전되고, 상장에 대한 소문이 돌자 박씨는 많은 비상장 주식 중개인들로부터 주식을 매도하지 않겠느냐는 전화를 받았다. 박씨는 주식을 매도하려고 내 놓지도 않았는데, 자기 전화번호를 어떻게 알았는지 신기하기도 하고, 급하게 매도할 생각이 없었기 때문에 주식 매도가격을 비싸게 부르고 전화를 끊으려고 했다.

"주당 2만원 이하로는 팔 생각이 없습니다."

　박씨는 전화를 건 중개인을 포기시킬 생각으로 본인의 투자원가보다 열 배 높게 가격을 제시한 것이었다. 그런데, 중개인이 주당 2만원에 바로 매수하겠다고 이야기를 하는 것이었다. 박씨는 얼떨결에 4년간 보유하고 있었던 이 기업의 주식을 매도하게 되었다.
　박씨는 4년전에 2천만원을 투자하면서 이 주식의 가치가 열 배나 올라갈 것이라고는 꿈에도 생각하지 못했다. 대표이사가 똑똑한 사람이라서 회사가 망하지는 않을 것이라는 확신이 있었고, 잘 아는 기업을 도와준다는 생각도 있었던 것이다.
　그는 주당 2천원에 매수한 주식을 주당 2만원에 매도하여 총 2억원을 회수하였는데, 여기서 최초 투자원금 2천만원과 양도소득세, 거래세 및 제비용 2천만원 정도를 제외하고 1억6천만원을 상회하는 금액을 순수 투자수익으로 챙기게 되었다.
　박씨의 벤처 투자 성공 포인트는 무엇일까? 앞서 설명한 회계사 신씨의 사례와 비교하여 생각해 보자. 회계사 신씨는 투자수익을 목적으로 벤처기업에 투자를 한 것이 아니고 외상매출금을 주식으로 대물변제 받은 것이었다. 박씨의 경우에도 벤처 투자를 하기 위해 투자 건수를 찾아 다니다가 투자를 한 것이 아니고, 우연히 지인이 운영하는 회사를 도와줄 겸하여 투자를 하게 된 것이었다.
　두 사람 모두 투자수익 만을 목적으로 투자를 한 것이 아니었기 때문에 여유를 갖고 기다릴 수 있었다. 벤처 투자는 '장기 투자'이다. 상장주식처럼 단기적인 변동성에 신경을 써서는 안 된다. 큰 흐름을 보고 투자를 해야 하며, 투자 후 5년 이상 보유하는 사례도 많다. 벤처 투자를 통해 성공적으로 투자 수익을 얻기 위해서는 '조급함'을 버려야 한다.

성공 포인트 중 다른 하나는 박씨와 신씨, 두 사람 모두 생활 속에서 벤처 투자를 했다는 점이다. 신씨는 본인의 일과 관련하여 흘러 들어온 투자기회를 자연스럽게 포착했고, 박씨는 본인이 잘 알고 있는 산업분야를 영위하고 있는 기업 중에서 본인이 잘 알고 있는 사람들이 참여하고 있는 기업의 투자기회가 왔을 때, 이를 놓치지 않았다.

평소 치킨을
좋아했을 뿐인데…

11장

스타트업(Start up)
벤처투자

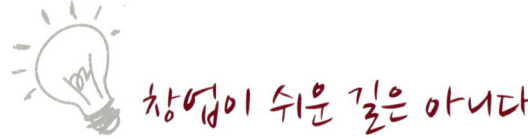

대학원 박사과정에 접어든 홍씨는 취업보다 창업에 관심이 많다. 그의 전공은 제어계측 공학으로 대학 학부(대학을 대학원과 구별하여 부르는 말) 때부터 메카트로닉스(mechatronics, 기계공학, 전기공학, 전자공학을 복합적으로 적용하는 새로운 개념의 공학이다. 오늘날의 자동차나 항공기, 기계와 생산가공, 시험 및 계측을 비롯한 대부분의 기계와 공정들은 전기와 기계적 본질이 어우러진 복합체로 작용하며 기계, 전자, 시스템 등 한 어느 분야만으로 이루어지는 경우는 거의 없다. 메카트로닉스는 공학의 여러 분야가 복합된 학문을 말한다.)분야에 흥미를 갖고 로봇을 제작하는 것을 취미로 삼았다.

홍씨는 좋아하는 일을 하면서 살기 위해서는 취업보다는 창업을 해야 한다고 생각했다. 그는 본인의 창업 아이템으로 드론(drone, 조종사 없이 무선전파의 유도에 의해서 비행 및 조종이 가능한 비행기나 헬리콥터 모양의 무인항공기를 이르는 말. 2010년대를 전후하여 군사적 용도 외 다양한 민간 분야에도 활용되고 있음.)을 제조하기로 결심했다.

드론 산업은 전세계적으로 빠르게 성장하고 있는 산업이다. 원래 군사용으로 개발이 시작된 드론은 저변이 확대되어 방송 촬영장비로 흔히 사용되고 있고, 무인으로 조종이 가능하기 때문에 재난사고 발생시에도 투입되며, 각종 운송수단으로도 발전할 가능성이 무궁무진하다.

홍씨는 대학원생 신분이었지만, 로봇 제작자로 나름대로의 영역을 구축하고 있었고, 동호회 등 모임을 통해 이 계통에 관심이 있는 많은 사람들을 알고 있었다. 그는 드론을 제조하기 위한 기술을 구현하기 위해서 본인이 부족한 부분을 보충해 줄 엔지니어를 한 명 섭외했고, 두 사람은 의기투합하여 드론 제작에 착수했다.

드론을 개발하는 과정은 험난했다. 잘 진행된다 싶다가도 심각한 문제에 봉착하기도 하고, 두 사람만 가지고는 해결하지 못하는 경우도 발생했다. 그들은 해당 분야의 전문가들을 찾아 다니며 조언을 구했고, 2년간 연구개발에 매달린 끝에 안정적으로 비행이 가능한 드론 제작에 성공했다.

그들이 개발에 성공한 드론은 단순히 갖고 노는 장난감 드론이 아니라, 산업용으로 쓸 수 있을 만큼 안정성이 있는 제품이었다. 하지만, 시제품을 개발한 수준이었고, 상용화를 위해서는 갈 길이 멀었다. 두 사람은 이제 회사를 설립할 시기가 됐다고 판단했다. 하지만, 경험이 없어 어떻게 해야 할지 알 수가 없었기 때문에 법무사(*法務士*, 소정의 보수를 받고 법원이나 검찰청, 등기소 등에 제출하는 서류를 대신 작성하는 일을 업으로 하는 사람 또는 그 직종을 말한다. 법무사법에 따라 법무사시험에 합격하여야 한다.)인 홍씨의 친척에게 도움을 청했다.

취업을 못하는 사람은
창업을 하라고?

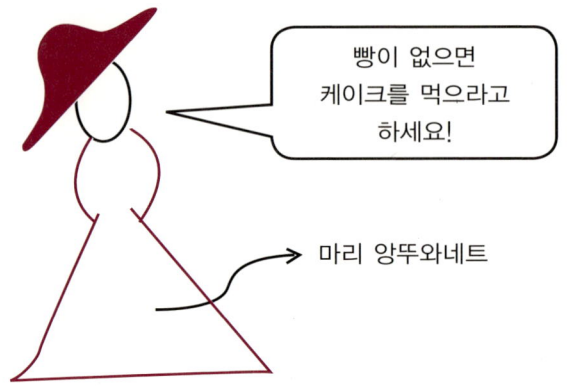

 창업 초기 기업은 자금이 필요하다

　　　　　창업과 관련하여 홍씨는 모르는 것이 너무 많았다. 홍씨의 친척이었던 법무사 구씨는 법인 설립 절차에 대해서 홍씨에게 자세하게 알려주었다. 법무사 구씨는 홍씨에게 회사 설립 절차를 알려주고 법인 설립을 도와주는 정도로 상담을 시작했다. 하지만, 홍씨로부터 사업 아이템을 듣고, 현재까지의 진행상황에 대해서 설명을 듣자 홍씨가 하는 사업이 성공할 가능성이 있어 보였다.

　법무사 구씨는 부동산 보다는 법인 관련 등기업무를 전문으로 하는 법무사였기 때문에 많은 기업들을 알고 있었다. 또한 업무를 하면서 얻은 정보를 통해 벤처기업에 투자를 해 본 경험이 있었다. 창업자 홍씨에 대해서는, 구씨의 친척이기 때문에 홍씨가 어렸을 때부터 봐 왔으며 홍씨가 공부도 잘하고 리더십이 있어서 장차 크게 될 인물이라고 생각해 왔기 때문에 창업 초기에 투자를 해 보는 것도 나쁘지 않을 것 같았다.

　법무사 구씨가 생각한 이 스타트업 벤처기업에 대한 투자 포인트는 다음과 같았다. ① 국내 기업 중 산업용 드론을 제대로 제작할 수 있는 기술력을 가진 기업은 아직 없다는 점. ② 창업자가 젊기는 하지만, 핵심 기술을 가진 엔지니어 라는 점. ③ 창업 이전에 이미 시제품을 완성하여 비행의 안정성까지 테스트가 끝났다는 점. ④ 회사 설립 후 빨리 상용화하면 선도기업으로서 먼저 시장을 선점할 수 있다는 점.

구씨는 벤처 투자를 할 때 같이 투자를 검토해 온 개인투자자 2명을 더 섭외하여 셋이서 투자금 3억원을 만들었다. 투자금이 형성되자 자본금 3억원으로 법인을 설립하였는데, 핵심 엔지니어인 홍씨와 그의 파트너에게 지분 70%를 주고, 재무적 투자자인 구씨 외 2인은 지분 30%를 갖기로 했다.

벤처기업을 창업하면서, 지분 구조를 셋팅(setting)할 때는 회사의 비전을 그려 본 후 구성원의 역할에 따라 지분율을 나누는 것이 좋다. 이 사례에서 만약, 구씨 등의 재무적 투자자가 초기 자금을 다 냈다고 해서 지분을 100% 가져간다고 한다면 이 회사는 비전이 없다. 이 회사를 이끌고 나갈 핵심 인력은 홍씨이기 때문에 홍씨가 제대로 일을 해주지 않으면 이 회사는 발전하지 않을 것이다.

모든 아이디어와 기술을 홍씨가 갖고 있는 상황에서 창업을 했는데, 회사가 잘 되었을 때 홍씨에 대한 보상이 적절하지 않다면 홍씨는 열심히 할 이유가 없다. 그리고 초기자금 3억원으로 모든 자금문제가 해결된 것이 아니다. 회사를 운영해 나가면서 발전의 단계마다 추가적인 자금조달을 해야 하고 추가로 자금을 투자하는 투자자들은 구씨를 보고 투자하는 것이 아니라 핵심 인력인 홍씨를 보고 투자를 하게 된다. 기업의 원활한 경영을 위해서도 핵심 인력인 창업자의 지분율은 중요하다.

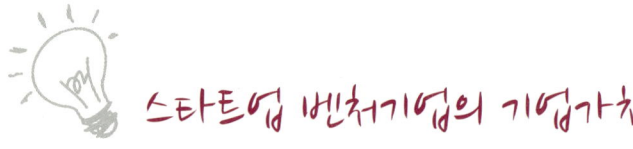
스타트업 벤처기업의 기업가치

구씨 등 투자자 입장에서 이 창업 벤처기업에 대한 가치평가를 해보자. 구씨 등 3명의 재무적 투자자들은 현금 3억원을 투자하여 이 기업의 주식 30%를 받았다. 이 기업의 납입자본금은 3억원이므로, 구씨 등이 가져온 지분은 3억원의 30%인 9천만원이 된다.

투자자들은 3억원을 투자하여 9천만원 만큼의 지분을 받았으므로 액면가의 약 3.333배수로 투자한 셈이 된다. (9천만원 × 3.333 = 3억원) 그렇다면, 투자자들의 투자 배수에 따른 이 기업의 총 기업가치는 얼마나 될까?

기업의 납입자본금이 3억원 이므로 '3억원 × 3.333 = 10억원'이 된다. 재무적 투자자들은 이 기업의 총 가치를 10억원으로 인정을 하고 이 기업의 주식을 액면가의 3.333배수로 투자를 한 셈이 된다.

그렇다면, 재무적 투자자들의 목표수익은 얼마나 될까? 몇 년 후에 이 기업의 기업가치가 어느 정도 될 수 있을 것이라고 예상하고 투자를 한 것일까?

투자단계 별 기업가치의 변화

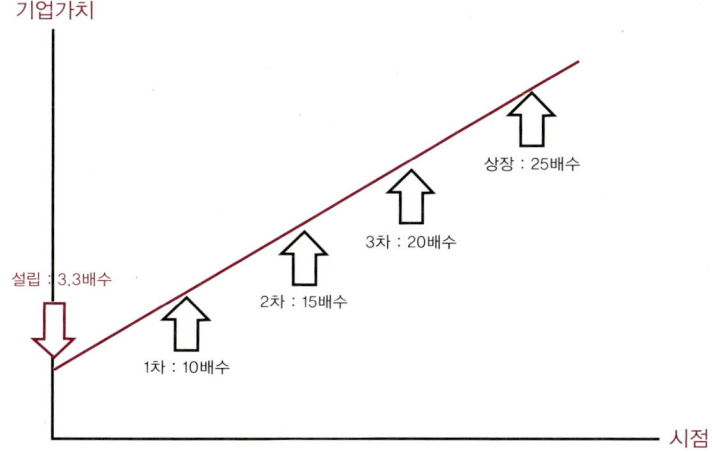

위의 그래프는 이 기업이 설립 후 순조롭게 경영을 하여 설립 4년 후에 상장을 한다고 하고, 상장 전에 1년에 한 번씩 3차에 걸친 펀딩을 했다고 가정한 것이다. 물론, 이 상황은 어디까지나 가정이다. 기업 경영 상황에 따라서 위와 같이 되지 않을 수도 있고, 위의 표보다 더 높은 배수로 펀딩을 받을 수도 있다.

최초 설립 시에 3.3배수로 투자를 한 투자자들의 지분율은 30% 였다. 이들이 최초 투자 이후에 추가 투자를 하지 않았다고 가정했을 때, 위와 같이 펀딩을 진행했다고 하면 상장 이후 이들의 지분율은 30%에서 10% 수준으로 하락하게 된다. 3차에 걸친 펀딩과 상장 시에 공모 과정에서 자본금은 점점 늘어나게 되어, 최초 투자자들의 지분율이 하락하기 때문이다. (이것을 지분 희석 효과라고 한다.)

1차~3차 펀딩 시 자본금은 각각 1억원씩 증가하고, 상장시 30% 공모를 한다고 가정할 때, 이 기업의 상장 이후 기업가치는 225억원이 된다. 상장 이후 최초 재무적 투자자들의 지분율이 10%라고 했으므로 이들이 보유한 지분의 가치는 22.5억원이 된다. 이들은 3억원을 투자하고 5년을 보유한 후 매도했을 때, 22억원 정도를 회수하게 되는 것이다.

　이와 같은 상황에서는 회수를 하기 위해 반드시 상장시점까지 기다리지 않아도 된다. 이렇게 단계별로 펀딩이 진행되었다는 것은 단계별로 기업가치가 상승했다는 것을 의미한다. 따라서 상장 전이라도 각 단계에 맞는 가치로 주식을 매도하는 것도 가능하다.

기업가치 증가에 따른 회수 금액의 변화

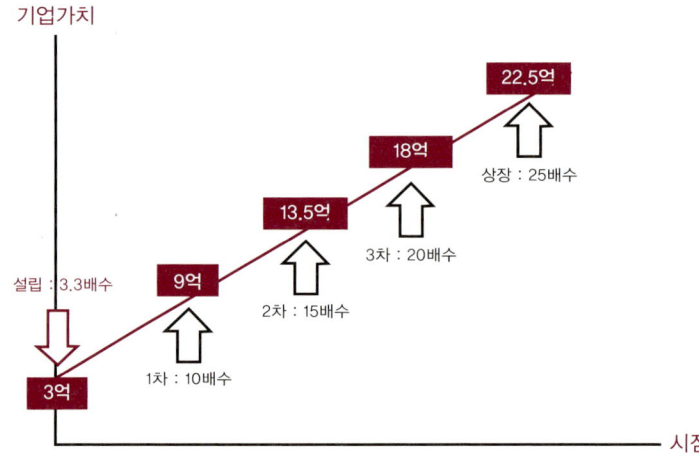

위의 사례는 스타트업 벤처기업에 대한 투자가 매우 성공적인 경우를 가정한 것이다. 초기 벤처기업에 해당하는 스타트업 벤처기업에 대한 투자 리스크는 상당히 크다. 벤처기업이라고 할지라도 안정적인 영업 구조를 구축한 기업의 경우에는 망할 확률이 극히 낮다. 하지만, 영업이 구축되지 않은 신생 벤처기업은 계획대로 영업이 되지 않으면 극심한 자금난에 봉착하게 되고 외부 자금조달에 실패하게 되면 현금흐름이 막혀 바로 망해 버릴 수 있다.

기업이 계획대로 제품을 개발하고, 마케팅을 하여 높은 성과를 달성하게 되면 기업가치는 증가하게 된다. 스타트업 벤처기업에 투자하는 투자자들은 투자금 회수에 대해서 큰 리스크에 노출되어 있지만, 기업이 목표를 달성하게 되면 그만큼 높은 투자수익을 기대할 수 있다.

세 번째 고개를 넘는 떡장수와 호랑이

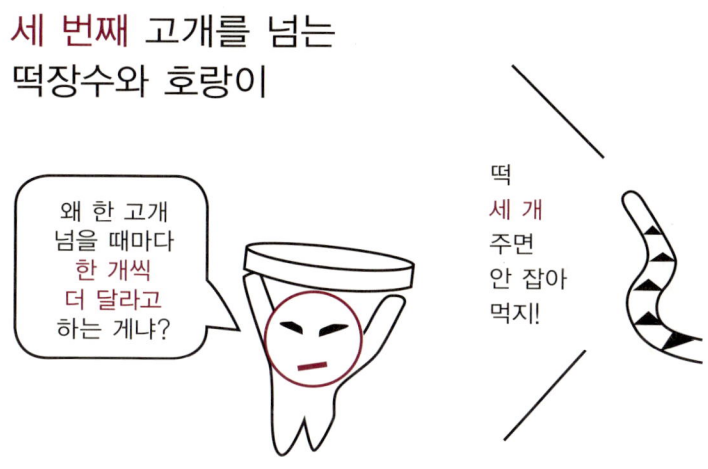

앞서 설명한 '스타트업 벤처기업의 기업가치'가 잘 이해가 되지 않는다면, 기업 재무의 기본적인 부분에 대한 이해도가 떨어지기 때문이다. 기업의 납입자본금(주식회사는 수권자본금 범위 내에서 주식을 발행하는데 이미 발행된 주식 가운데 인수납입이 완료된 자금으로, 주식에 대한 반대급부로 불입되는 자금이라 하여 '불입자본금'이라고도 한다. 일반적으로 대차대조표상의 자본금과 일치하는데, 기간 중에 증자나 감자가 이루어졌을 경우에는 다를 수도 있다. 한국에서는 수권자본제도를 도입하여 정관에 회사의 발행예정주식의 총수를 기재하는데, 설립할 때 그중 일정비율 이상(수권자본의 1/4)을 발행하고 나머지 부분은 회사의 자금 필요에 따라 주주총회를 거치지 않고 이사회의 결의에 의해 수시로 발행할 수 있다.), 발행주식 수, 1주당 주가와의 관계를 이해하지 못한다면, 기업의 총 가치를 이해하기 어렵다.

알기 쉽게 설명하기 위해서 간단한 예를 들어보자. S주식회사는 납입자본금 1억원으로 설립된 기술 벤처기업이다. 이 회사의 납입자본금은 전액 창업자이자 대표이사인 성씨가 출자했다. 성씨는 설립

후 기술개발을 완료하여 제품 상용화 전 단계까지 발전하였는데, 운영자금이 부족하여 재무적 투자자(Financial Investors, 財務的投資者, 경영에는 직접 참여하지 않고 일정 수익만을 취하기 위하여 자금을 지원하는 투자자를 말한다. 영문 머리글자를 따서 'FI'라고도 부른다. 은행이나 증권사, 보험사, 자산운용사, 벤처캐피탈 등의 기관투자자들을 흔히 재무적투자자라고 한다.)로부터 투자를 받기로 했다.

S주식회사의 아이템은 독창적이고 성장가능성이 높은데다, S주식회사가 선도기업이기 때문에 많은 투자자들이 관심을 갖게 되었다. 창업자 성씨는 투자를 원하는 투자자들 중에서 가장 제시하는 투자 조건이 좋은 벤처캐피탈과 투자계약을 체결했다.

투자 계약서 요약

S주식회사의 현재 발행주식수 : 200,000주 (액면가 : 500원)
S주식회사가 금번에 발행할 주식수 : 50,000주
S주식회사의 납입자본금 증가액 : 25,000,000원
금번 유상증자 후 S주식회사의 납입자본금 : 125,000,000원
투자자들의 주당 인수금액 : 10,000원 **(액면가의 20배수)**
투자자들의 총 투자금액 : 500,000,000원

S주식회사의 납입자본금은 1억원 이었다. 1억원은 창업자인 성씨가 최초 설립시에 투자한 돈이고, 성씨가 1억원을 투자하여 S주식

회사의 납입자본금은 1억원이 되었다. 이번 유상증자(Paid-in capital increase, 有償增資, 주주로부터 증자납입금을 직접 징수하는 증자)를 통해 투자자들이 S주식회사에 투자하는 총 투자금은 5억원이다. 그런데, S주식회사의 납입자본금은 2천5백만원만 늘어나서 납입자본금은 총 1억2천5백만원이 된다. 그렇다면, 나머지 4억7천5백만원은 어디로 갔을까?

창업자는 S주식회사를 설립할 때, S주식회사의 주식을 1주당 액면가(Par value, 주권표면에 적힌 금액으로 주당 5천원이 일반적이다. 하지만 최근 들어 1천원, 5백원, 1백원 등으로 액면가가 분할되는 경우가 많다.) 500원에 투자했다. 하지만, 재무적 투자자는 S주식회사의 주식을 1주당 액면가 500원의 20배에 해당하는 1만원에 투자했다.

1만원 중 액면가 500원에 해당하는 금액은 납입자본금이 되고, 나머지 9,500원에 해당되는 금액은 자본잉여금이 된다. 50,000주를 발행했기 때문에 2천5백만원은 납입자본금이 되고(50,000주 × 500원 = 25,000,000원), 나머지 4억7천5백만원은 자본잉여금이 되는 것이다.(50,000주 × 9,500원 = 475,000,000원)납입자본금과 자본잉여금을 합친 것이 자본총계가 된다.

투자 전 자본총계	투자 후 자본총계
1억	**6억**
납입자본금 1억	납입자본금 1.25억
	자본잉여금 4.75억

    재무적 투자자는 S주식회사의 주식을 1주당 1만원에 투자했다. 따라서, 투자자들의 투자단가는 1만원이 되고, 이 기업의 주가는 1만원으로 형성된 것을 알 수 있다. 형성된 주가로 판단하는 이 기업의 총 가치는 얼마나 될까?

    기업의 총 가치는 발행주식수에 주가를 곱한 금액이다. 재무적 투자자가 투자한 이후 발행주식수는 250,000주이고 여기에 주가 1만원을 곱하면 S주식회사의 총 기업가치는 25억원이 된다. (250,000주 × 10,000원 = 2,500,000,000원)

    여기서 중요한 것은 재무적 투자자가 20배수라는 높은 배수에 투자를 하게 됨으로써 창업자 성씨가 보유하고 있는 주식의 평가가치가 급증했다는 점이다. 창업자 성씨가 최초에 투자한 금액은 주당 500원에 20만주를 투자하여 총 1억원을 투자했다. 이 시점에서 S주식회사의 기업가치는 1억원이었다. 그러나, 성씨가 경영을 하면서 기술개발을 완료하고 미래 성장가치를 투자자에게 보여줌으로써 투자자는 이 기업의 총 가치를 25억원으로 인정을 해 준 것이다.

재무적 투자자의 투자로 인해 주가가 1만원으로 형성되자, 창업자 성씨가 보유하고 있던 S주식회사의 주식 20만주의 가치는 20억원으로 평가된다고 볼 수 있다.

투자 전 후, 성씨의 보유 주식 평가가치

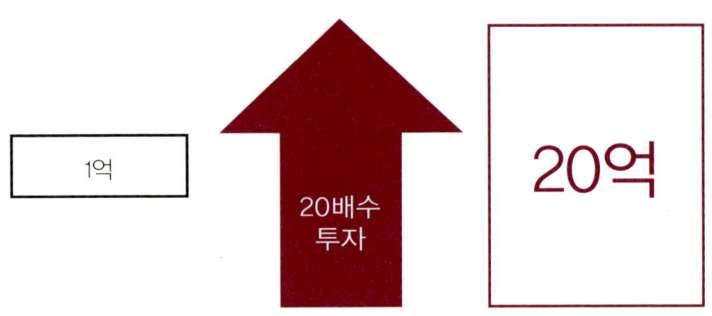

이처럼 스타트업 벤처기업에게 있어서 투자 배수의 개념은 기업가치와 직결되므로 매우 중요하다고 할 수 있다. 스타트업 기술 벤처기업의 경우에는 상장 되기 전까지 여러 차례 재무적 투자자로부터 투자를 받는 것이 일반적이다. 여러 차례 투자를 받으면서 창업자의 지분율은 계속 희석된다. 따라서, 높은 배수로 투자를 받는 것이 창업자 입장에서는 유리하다. 재무적 투자자들이 너무 낮은 배수로 투자를 할 경우에 많은 지분을 가져가게 되고 상대적으로 창업자의 지분율이 낮아지기 때문에 추후 경영권 확보에 대한 문제가 발생할 수 있기 때문이다.

기업가치 평가의 논리

　　기업가치평가에 생소한 사람들은 여기서 한가지 의문이 들 수 있다. S주식회사에 유입된 돈은 최초 성씨의 투자금 1억원과 재무적 투자자의 투자금 5억원이다. 최초 투자금 1억원을 한 푼도 안 썼다고 가정하더라도 이 기업의 재산은 6억원에 불과하다. 그런데, 어떻게 이 기업이 25억원의 가치로 평가 받을 수 있다는 말인가?

　기업의 가치는 단순하게 이야기 하면, 자산가치와 수익가치를 합한 것으로 평가된다. 여기서 S주식회사의 가치가 6억원이라는 것은 자산가치를 뜻한다. 수익가치는 미래에 발생할 수익에 대한 것을 평가한 가치라고 할 수 있다. S주식회사가 현재 매출액이 없고 수익이 발생하지 않기 때문에 수익가치가 '제로'라고 볼 수는 없다는 것이다.

　스타트업 벤처기업에 투자하는 재무적 투자자들은 S주식회사의 현재 상황만을 평가하여 투자하는 것이 아니라 S주식회사의 제품이 상용화 되었을 때, 미래에 발생할 매출액과 수익을 예측하여 기업의 가치를 산정한다.

상장 기업처럼 큰 기업의 경우에는 과거의 추세가 있기 때문에 기업의 가치를 평가하기에 다소 용이하다. 하지만, 스타트업 기업의 경우, 과거의 추세로 판단할 수 없기 때문에 평가가 용이하지 않다. 통상적으로 스타트업 기업의 가치로 계산될 수 있는 것은 기업이 보유하고 있는 현금과 부동산, 설비 이외에 기업이 보유하고 있는 기술인력, CEO의 자질, 특허권 등 무형자산, 개발된 제품의 잠재력 등 정성적(定性的)인 평가를 하게 된다.

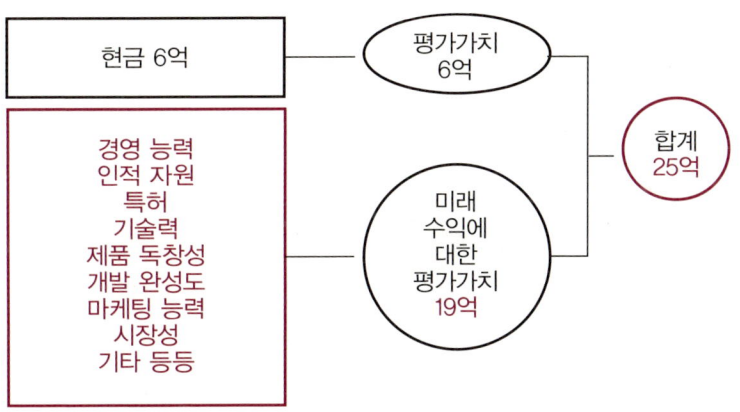

S주식회사를 기업가치 25억으로 평가한 논리

　이렇기 때문에 스타트업 벤처기업의 기업가치를 산정하는 것은 어렵다. 기업가치 평가에 있어서도 투자자의 주관적인 판단이 많이 작용한다. 초기 벤처기업의 경영 환경은 매우 척박하다. 척박한 환경을 극복해야 계획된 매출을 달성할 수 있다. 따라서 창업자가 과연 힘든 과정을 이겨내고 기업을 성장시킬 수 있을 지의 여부도 잘 판단해야 한다.

기업의 가치를 평가할 때, 창업자나 CEO의 기업가정신과 능력을 매우 중요하게 생각한다. 이것은 시스템이 잘 갖춰진 큰 기업보다 작은 벤처기업의 경우에 더욱 중요하게 평가된다. 그 이유는 작은 기업이 시스템을 갖추기까지 겪어야 하는 험난한 과정에 직면하여 문제를 해결해야 할 핵심인력이 바로 창업자 자신이기 때문이다.

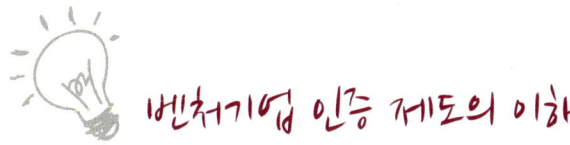
벤처기업 인증 제도의 이해

대기업에서 엔지니어로 근무하던 변씨는 창업에 대한 아이디어가 떠올라 직장을 그만두고 창업을 하기로 결심했다. 그는 자기와 같이 스타트업 기업을 창업한 친구를 찾아가 창업에 대한 조언을 구했다.

"너처럼 기술 창업을 하는 사람은 먼저 벤처기업 인증을 받는 것이 좋아. 벤처기업의 사전적 정의가 기술과 아이디어를 가지고 모험적인 사업을 하는 기업이잖니? 우리나라는 그런 기업들에 대해서 여러가지 혜택을 주기 위해서 벤처기업 인증제도를 실시하고 있어."

변씨는 벤처기업 인증 제도가 있다는 것을 처음 알게 되었다. 인증을 받으면 어떤 혜택이 있는지 궁금했다.

"벤처기업 인증을 받은 기업에게 주는 혜택이 많지. 우선, 세제

혜택이 가장 큰데, 법인세와 소득세를 일정기간 동안 일부 감면해 준다든지 사업용 재산에 대한 취득세와 재산세를 일부 감면해 주기도 해. 금융지원도 있는데, 정책자금을 받을 때 유리하고 신용보증을 받을 때, 보증료를 좀 깎아주기도 해. 벤처캐피탈로부터 투자를 받을 때도 벤처기업일 경우에 훨씬 유리해."

변씨는 친구로부터 벤처기업 인증에 대한 장점을 이야기 듣자, 법인 설립을 하자마자 벤처기업 인증부터 진행해야겠다고 생각했다. 그는 인증을 받는 것이 어렵지는 않은 건지, 인증을 받으려면 어떤 준비를 해야 하는지에 대해서 질문했다.

"벤처기업으로 등록하기 위해서는 4가지 방법이 있어. 첫째, 벤처캐피탈로부터 자본금의 10% 이상을 투자 받는다. 둘째, 기업부설연구소를 설립하고, 일정 요건에 맞는 연구개발비를 집행하여 연구개발기업으로 인정을 받는다. 셋째, 기술신용보증기금이나 중소기업진흥공단으로부터 기술성 평가를 받는다. 넷째, 기술신용보증기금이나 중소기업진흥공단으로부터 기술 평가를 통한 대출을 받는다. 이 네 가지 중 한가지를 선택하여 진행하면 벤처기업 인증을 받을 수 있어."

이야기를 들은 변씨는 법인을 설립하자 마자 투자를 받는 것은 어려울 것 같았고, 부설연구소를 설립하는 것도 번거로울 것 같았다. 그는 친구에게 4가지 방법 중 가장 쉬운 방법을 물어보았다.

"가장 간편한 방법으로 알려져 있는 것은 기술신용보증기금이나 중소기업진흥공단으로부터 기술 평가를 통한 대출을 받는 것이지. 나도 해 보니까 그렇게 어렵지는 않더라. 법인 설립을 하는 지역의 해당 기관 지점을 찾아가서 상담하면 친절하게 절차를 설명해주니까 어렵게 생각할 필요 없어."

변씨의 사례처럼 기술 창업을 하는 중소기업들은 대부분 벤처기업 인증을 받는다. 하지만, 벤처기업 인증을 받는다고 해서 모두 성공하는 것은 아니다. 벤처기업 인증은 기술이 있다는 것을 증명할 수만 있으면 대부분 받을 수 있다. 기술 기업이 성공하기 위해서는 기술만 있어서는 안 된다. 제품을 개발할 수 있는 능력이 있어야 하고 개발한 제품을 상용화하여 매출을 일으킬 수 있어야 한다. 더 나아가서 안정적인 매출을 일으킬 수 있는 상황까지 만들지 않으면 벤처기업이 성공했다고 보기는 어렵다.

스타트업 벤처기업에 투자를 하고자 하는 개인투자자들은 벤처기업 인증을 받았다고 해서 그 기업의 성공이 검증된 것은 아니라는 점을 염두 해 두고 투자를 검토해야 한다. 2000년 초반, 벤처 버블이 한창일 때에는 벤처기업 인증만 받으면 개인 투자자들이 투자를 하는 이른 바 '묻지마 투자'가 성행했었다. 이러한 투자를 했던 개인 투자자들은 대부분 투자금을 손해 봤다. 스타트업 벤처기업은 가장 리스크가 큰 투자 중의 하나 이므로 신중하게 투자를 검토해야 한다.

10년째 취업 준비생인 남자

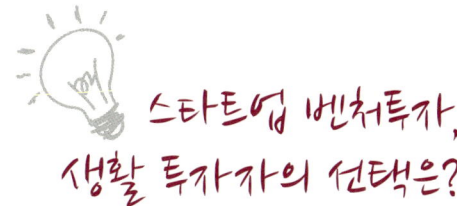
스타트업 벤처투자,
생활 투자자의 선택은?

　　　　　　초기 벤처기업에 대한 투자를 개인투자자들이 접근하기는 어렵다. 최근에는 벤처캐피탈이 결성한 '초기 기업 펀드 (설립 3년 미만의 초기 벤처기업을 지원하기 위해 정부의 모태펀드가 출자하는 펀드)'나 '청년 창업 펀드'가 성장 가능성 높은 초기 벤처기업에 대해서 좋은 조건으로 투자하고 있어서 초기 기업에 대한 정보가 제한적인 개인들이 성장 가능성이 높은 스타트업 벤처기업에 투자할 기회를 잡기는 더욱 어렵다.

　게다가 스타트업 기업에 투자한 투자자들이 투자금을 회수하는 비율이 높지 않기 때문에 단기적으로 자금운용을 하는 개인 투자자들은 더더욱 투자에 주의를 요한다. 그렇다고 해서 좋은 기회가 제 발로 찾아왔는데 투자를 마다할 필요는 없다.

　잘 알고 있고 믿을 수 있는 사람이 좋은 아이템으로 창업을 한다고 했을 때는 투자를 진지하게 검토해 볼 만한 필요가 있다. 스타트업 벤처기업에 투자를 할 때는 가장 중요하게 봐야 할 것이 창업자의 자질과 능력이다. 그 사람의 자질과 능력이 뛰어나다는 사실을 이미 알고 있는 창업자가 창업을 한다고 할 때는 창업 아이템에 대해서만 진지하게 검토해 보면 된다. 가장 중요한 창업자에 대해서는 이미 투자자 본인의 검증이 끝난 상황 이기 때문이다. 스타트업 투자에 있어서 가장 중요한 것은 창업자에 대한 '신뢰'이다.

물론, 이렇게 투자를 한다고 해서 다 성공하라는 보장은 없다. 하지만, 투자 후 기업이 진행하는 것들에 대해서 정확하게 파악을 할 수 있다. 이미 잘 알고 있는 창업자에게 투자를 하게 되면, 투자 후에 투자기업의 정보에 대해서 창업자로부터 자세하게 들을 수 있기 때문이다. 이것은 투자 후 사후관리에 해당되는 것인데, 투자 후 사후관리가 잘 되지 않을 경우, 투자금을 회수하지 못하는 상황이 종종 발생한다. 초기 기업에 투자를 했는데, 회사가 잘되는지, 어려운지 전혀 파악을 하지 못하고 마음 고생만 하다가 결국에는 손실로 처리해야 되는 상황이 오는 것이다.

기회는 가까운 곳에 있을 수도…

 12장

엔젤투자

개인투자조합

2013년 1월, 벤처 투자에 경험이 있는 개인투자자 장씨는 불치병 치료제를 개발하여 임상시험(臨床試驗, clinical trial, 의료분야에서 약물 등의 안전성을 시험하기 위해 사람을 대상으로 행하는 시험)을 진행하고 있는 바이오 벤처기업을 알게 되었다. 장씨가 볼 때는 이 기업의 향후 성장 가능성이 높고, 임상시험만 완료되면 기술성 평가를 통해 코스닥 상장도 가능할 것으로 기대되었다.

장씨는 기업의 재무이사를 찾아가 투자를 하고 싶다는 의향을 이야기 했으나, 재무이사는 회사의 방침상 개인투자자의 투자는 받을 수 없다는 식으로 답변했다. 투자를 받지 않는다고 하자, 장씨는 더더욱 이 기업에 투자를 하고 싶은 마음이 생겼다. 6개월 동안 끈질기게 기업을 방문하여 회사 직원들과 친해졌고, 대표이사까지 만나서 투자에 대한 의지를 표현했다.

6개월이 지난 어느 날, 장씨가 이 회사에 찾아가 대표이사를 만났는데, 대표이사가 장씨에게 제안을 했다.

"이번에 회사가 기관투자자 펀딩을 진행 중에 있습니다. 이번 펀딩에서 장사장님께도 기회를 드리도록 하겠습니다. 총 펀딩 금액은 50억인데, 기관투자자에게 양해를 구하고 그 중 5억원을 할애해 드리겠습니다. 단, 조건이 있습니다. 개인투자자의 투자를 받지 않겠다는 방침이기 때문에 개인명의 말고 법인이나 펀드로 투자를 하셨으면 합니다. 그리고, 이번에 투자하는 기관투자자를 설득해야 하기 때문에 5억원 이하로 투자하시면 안되고 5억원을 채워서 투자를 하셔야 합니다. 원래, 이럴 생각은 없었는데, 장사장님께서 워낙 정성을 보이셔서 임원들과 이야기 해서 특별히 기회를 드리는 겁니다."

장씨는 투자 기회를 준다는 말에 그 자리에서 하겠다고 답변을 하고 돌아오면서 고민에 빠졌다. 장씨의 고민은 첫째, 장씨가 이 기업에 투자하려고 생각했던 금액은 1억원 이었다. 그가 투자금 5억원을 만들려면 대출을 받아야 하는 상황이었다. 대출을 받아 5억원을 만든다고 한들, 법인이나 펀드 명의로 투자를 하라고 하니, 이 문제를 어떻게 해결해야 할지 막막했다. 장씨는 그날 저녁 벤처캐피탈에 근무하는 후배를 만나서 저녁을 먹으며 고민을 털어놓았다.

"선배님의 두 가지 문제를 해결할 수 있는 방안이 있습니다. 초기 바이오 기업 같은 벤처기업에 투자를 하면 투자금을 회수하기 까지 5년이 넘게 걸릴 수도 있습니다. 대출을 받는 것은 좀 무리가 될 수 있어요. 선배님 말씀대로 이 투자 건이 그렇게 좋다면, 주변에 여유가 있는 분들을 모아서 공동 투자를 하세요."

장씨가 생각해보니, 주변 지인들 중에 여유자금이 많은 사람들이 꽤 있고 그 사람들 중에 장씨가 제안을 하면 투자금을 모을 수 있을 것 같았다. 하지만, 그렇다고 한들 이 투자건 '한 건' 때문에 투자자들과 함께 법인을 설립하자고 하면, 그렇게까지 해서 투자를 하지는 않을 것으로 예상되었다.

"이 투자를 하기 위해서 법인을 설립하실 필요는 없습니다. 투자자들을 모으신 후 중소기업청에 가셔서 개인투자조합을 만드시면 됩니다. 개인투자조합이라는 것은 일종의 사모펀드(Private Equity Fund, 私募, 소수의 투자자로부터 모은 자금을 주식, 채권 등에 운용하는 펀드)라고 이해하시면 됩니다. 개인투자조합을 만드셔서 선배님이 업무집행조합원을 하시면 이 투자 건이 잘 되었을 때, 성과보수를 받으실 수도 있습니다. 게다가, 개인투자조합을 결성하여 벤처기업에 투자를 하시면 투자에 대한 세금혜택도 있어요."

장씨는 후배의 말을 듣고 귀가 번쩍 뜨였다. 투자자들을 모아서 중소기업청에 신고하고 개인투자조합을 만들면, 펀드의 형태가 되는 것이니 바이오 기업 대표이사가 말한 조건에 부합한다. 게다가 투자자들과의 합의를 통해 투자 성과가 기대보다 좋았을 때, 투자금을 모은 업무집행조합원(투자조합을 구성하는 출자자 중 조합의 채무에 대하여 무한책임을 지는 조합원으로조합규약이나 조합결의에 의하여 자기의 이름으로 조합재산을 관리하고 대외적 업무를 집행할 권한을 수여받는다.)인 본인은 성과보수도 받을 수 있다니, 대출을 받아서 5억원을 만드는 것보다 훨씬 리스크도 작으면서 기대효과도 큰 방법이었다. 이렇게만 할 수 있다면 좋겠지만, 중소기업청이 아무한테나 개인투자조합을 만들 수 있게 하지는 않을 것 같았다.

"특별한 자격요건은 필요하지 않습니다. 다만, 선배님께서 업무집행조합원을 하신다고 한다면, 업무집행조합원의 자격요건은 있습니다. 업무집행조합원은 금융거래 등 상거래를 할 때 정당한 사유없이 약정된 기일을 3개월 이상 지난 채무가 1천만원을 초과하여서는 안 된다는 규정이 있습니다. 은행 거래 하시면서 3개월 이상 연체된 건 없으시죠?"

개인투자조합의 요건

1. 출자총액은 1억 이상
2. 조합원수 49인 이하 (사모펀드의 요건과 동일)
3. 업무집행조합원의 출자지분 5% 이상
4. 존속기간 5년 이상

개인투자조합의 요건을 파악한 후, 장씨는 개인투자조합을 결성하기로 결심했다. 이번 투자는 총 투자금이 5억원이므로 출자총액 1

억원 이상이어야 한다는 요건을 충족한다. 조합원 수는 장씨를 포함하여 5인으로 할 예정이므로 조합원수 49인 이하의 요건도 충족한다. 장씨는 개인투자조합을 결성할 때, 5명이 1인당 1억원씩 출자하여 5억원을 만들 계획을 갖고 있으므로 장씨 자신도 1억원을 출자하게 된다. 그렇게 되면 장씨는 조합 출자금 총액의 20%를 출자하게 되어 업무집행조합원 출자지분이 5% 이상이어야 한다는 요건도 충족된다. 그런데, 4번 항목인 '존속기간 5년 이상'이라는 요건이 마음에 걸려서 후배에게 물어보았다.

"조합이 정하는 존속기간을 5년 이상으로 해야 한다는 뜻 입니다. 그런데, 존속기간이 도래하기 전에 투자한 벤처기업이 상장을 해서 투자금을 회수하는 경우가 생길 수 있잖아요? 이럴 경우에는 존속기간을 5년으로 했다고 하더라도 조합원들의 결의에 의해서 만기 전 조합 해산 및 청산이 가능합니다. 걱정하지 마세요."

장씨는 후배의 이야기를 듣고 모든 문제가 해결되는 느낌이었다. 이런 좋은 제도가 있었는데 그 동안 왜 몰랐나 하는 생각도 들었다. 후배와 헤어져 집으로 가면서, 그는 이번 투자를 함께 할 개인투자조합의 조합원으로 누구를 선정해야 할지를 생각하면서 행복한 고민에 빠졌다.

정말 뭉치면 저렴하게 살 수 있을까?

해외 직구

5명만 모이면 반 값!

엔젤 클럽

장씨는 계획대로 장씨를 포함하여 총 5인의 투자자를 모집하여 결성총액 5억원으로 개인투자조합을 결성했고, 2013년 9월에 무사히 투자까지 완료했다. 투자한 바이오 기업은 장씨의 예상대로 성장을 지속하고 있고, 투자 후 3년 이내에는 코스닥에 상장할 것으로 기대하고 있다.

2015년 3월, 장씨는 마케팅 전문가들이 모여 스마트 폰 앱을 기반으로 하는 소셜 마케팅 기업을 알게 되었다. 이 기업은 2015년 1월에 창업을 한 스타트업 기업으로 자금 사정이 넉넉하지 않았다.

장씨가 이 기업의 대표이사와 이야기를 나눠보니, 마케팅 분야에서 많은 경험을 갖고 있었고, 사람이 진실하고 똑똑해 보였다. 이 기업에 합류하여 업무를 진행하는 다른 임직원들 역시 열정적인 자세로 일을 하는 모습이 좋아 보였다. 장씨는 '될성부른 나무는 떡잎부터 알아본다'(장래에 크게 될 사람은 어릴때 부터 다르다는 말)는 속담을 생각하며 '이 기업에 투자해보면 어떨까?' 하는 생각을 갖게 되었다.

장씨가 벤처 투자에 경험이 많긴 했지만, 이런 초창기 기업에 투자해 본 경험은 없었기 때문에 지난번에 개인투자조합에 대해서 조언해 준 후배를 다시 만났다.

> "스마트폰 사용자가 국민 대다수를 차지하게 되면서, 젊은 층을 중심으로 스마트폰을 통한 구매가 급증하고 있는 추세입니다. 선배님 말씀을 들어보니, 그 기업의 멤버들이 과거 성공 경험도 많이 갖고 있고 하니, 지금 단계에서 투자를 하더라도 앱 개발이 완료되고 시장에서 좋은 반응을 얻게 되면 충분히 투자금을 회수할 수 있는 기회가 있을 같다는 생각이 듭니다."

장씨는 평소에 믿고 있는 후배의 긍정적인 이야기를 들으니, 초기 투자에도 용기가 생겼다. 지난번 바이오 기업과는 달리 이 기업은 개발 및 운영자금이 항상 부족한 상황이었고 기관투자자들에게 투자를 받을 수 있는 단계가 아니었기 때문에 장씨가 투자를 하려고 하면 얼마든지 할 수 있었다.

> "이런 초기 기업에 큰 금액으로 투자하실 생각은 아니시죠? 하지만, 이 기업은 투자되는 자금이 많기를 바라겠군요. 매출은 없는데 비용은 계속 발생하니까요. 그렇다면, '엔젤 클럽'을 결성해서 투자해 보시는 건 어떠세요? 중소기업청 산하기관인 엔젤투자지원센터가 관리하는 엔젤 클럽 제도가 있거든요."

장씨는 이 기업에 투자를 한다면, 과거 벤처 투자를 하던 방식대로 개인명의로 회사에 투자를 하려 했다. 그런데, 후배가 '엔젤 클럽'에 대해서 이야기를 하니, 엔젤 클럽에 대해서 궁금해졌다.

"엔젤 클럽을 통해서 투자를 하시게 되면, 투자를 받는 기업에 대해서 정부가 결성한 펀드가 투자금액과 동일한 금액으로 1회 최대 2억원까지 투자를 해줍니다. 만약, 선배님이 엔젤클럽을 결성하여 그 엔젤클럽 구성원들이 그 기업에 2억원을 투자하면, 정부가 결성한 펀드에서 그 기업에 2억원을 동일한 조건에 투자를 하는 개념입니다. 초기 기업 입장에서는 자금을 많이 확보 할 수록 좋은거니까 2억원 보다는 4억을 받는 것이 좋은 구조가 되는 것이죠."

장씨가 곰곰히 생각을 해보니 엔젤 클럽을 결성해서 투자를 하는 것이 투자자인 본인을 위해서도 좋을 것 같았다. 나중에 투자금을 회수하기 위해서는 투자한 기업이 잘 되어야 되는 것인데, 그러려면 자금이 필요할 때 자금이 공급이 되어야 기업 경영이 원활해 지고, 제 때 개발을 마무리 할 가능성이 높게 되는 것이다. 정부에서 장씨가 투자한 투자금만큼 매칭(matching)하여 동일한 금액을 투자해 준다면, 기업은 자금이 두배로 유입되는 효과가 있는 것이었다. 그는 엔젤 클럽 설립 요건에 대해서 궁금했다.

"엔젤 클럽을 결성하기 위해서는 '적격 투자자' 1인을 반드시 포함시켜야 합니다. 적격 투자자란, 한 건당 500만원 이상의 신주

투자를 2건 이상 집행한 개인투자자를 말합니다. 투자 합산 금액이 4천만원 이상이어야 하고요. 여기서 중요한 것은 '신주 투자'라는 것입니다. 투자자가 기업에 직접 자금을 유입하는 유상증자 형태의 투자여야 한다는 것입니다. 벤처투자를 많이 한다고 하는 사람도 대부분 기존 주주간의 거래인 구주투자를 많이 하지 신주투자를 하는 사람은 많지 않거든요."

장씨는 구주 투자도 했지만 신주 투자의 경험도 갖고 있었다. 그동안 벤처기업에 투자를 할 때, 신주투자 2건에 투자금액도 한 건당 5천만원 이상씩을 투자했으니, 장씨 스스로가 적격 투자자에 해당되었다.

엔젤 클럽의 조건

1. 최소 5인 이상의 회원이 회장, 총무 등 조직을 갖출 것
2. 적격투자실적 보유 회원 1인 이상
3. 분기별 1회 이상 클럽활동에 대한 보고를 할 것
4. 클럽 결성 후 연 1회, 5천만원 이상의 신주 투자실적
5. 한국엔젤투자협회 교육 이수자 2인 이상

엔젤 클럽의 요건을 보니, '적격 투자자'를 확보하는 것이 가장 어려울 것으로 보이나, 장씨 본인이 적격 투자자이므로 엔젤 클럽 결성에는 큰 문제가 없었다. 최소 5인 이상의 회원을 갖춰야 하므로 나머

지 4인을 모으는 것이 관건이었다. 후배는 웃으며 말했다.

"선배님이 지난번에 바이오 기업 투자하실 때, 개인투자조합 결성해서 하셨잖아요? 그 때 조합원이 5명 아니었나요? 그 분들께 이야기 해서 같이 엔젤 클럽 결성하시면 되지 않을까요?"

어떤 걸 살래?

엔젤투자 매칭펀드

후배의 이야기를 들은 장씨는 본인의 상황에서는 엔젤 클럽을 결성하는데, 아무런 문제가 되지 않는다는 생각이 들었다. 그는 최근에 스타트업 벤처기업 투자에 관심을 갖게 되었기 때문에 엔젤 클럽이라는 제도를 활용하는 것도 좋을 것 같았다. 매칭 펀드라는 것이 엔젤 클럽을 결성하고 난 후 한 건만 활용할 수 있는 것인지 여러 건을 활용할 수 있는 것인지 궁금했다.

"물론, 여러 건의 투자에 활용이 가능합니다. 이 제도는 정부에서 스타트업 기업에 대한 지원을 강화하기 위해 만든 것입니다. 엔젤 클럽을 결성하고 나면, 엔젤클럽이 투자한 기업은 1년에 20억원까지 매칭투자를 해 줄 수 있습니다. 한 개의 클럽 당 연간 매칭한도가 20억인 셈이죠. 아까 1개 기업당 1회에 최대 2억원까지 가능하다고 말씀드렸는데, 10개의 각기 다른 기업에 엔젤클럽이 2억원씩 투자하면, 총 투자금이 20억이 되잖아요? 그럼, 정부의 매칭자금도 2억원씩 10군데 하면 20억원이 되고 20억원 한

도까지는 매칭이 가능한 것이죠."

장씨는 지난번 바이오 기업을 투자하면서 개인투자조합을 결성한 투자자들과 함께 엔젤 클럽을 결성할 생각을 갖고 있었다. 그런데, 후배의 이야기를 듣다 보니, 한가지 마음에 걸리는 부분이 있었다. 엔젤 클럽을 결성하여 투자하는 것이 좋을 것 같기는 한데, 엔젤 클럽의 멤버들 중에서 초기 기업에 투자하는 것에 대한 부담을 가지는 사람들이 있을 것 같다는 생각이 들었다.

"엔젤 클럽을 결성해서 투자를 한다고 해서 엔젤 클럽의 모든 멤버가 다 투자를 하지 않아도 됩니다. 개인투자조합과 엔젤 클럽은 커다란 차이점이 있죠. 개인투자조합은 조합명의로 투자를 하는 것이기 때문에 조합에 투자한 모든 사람이 투자를 하게 되는 셈입니다. 하지만, 엔젤 클럽의 투자는 엔젤 클럽 멤버 중에 일부만 투자를 해도 상관이 없어요. 투자는 투자를 하는 사람의 명의로 투자를 하게 됩니다. 개인 투자의 형태와 동일한 형식이죠."

> **엔젤 투자 Matching 펀드**
>
> 1. **투자형태** : 신주투자 (법인만 가능)
> 2. **Matching 비율** : 투자금의 100% 이내
> 3. **투자조건** : 엔젤 투자자와 동일한 조건
> 4. **투자 기업 한도** : 기업당 총 3억 (1회 한도 2억)
> 5. **투자자 년간 한도** : 엔젤클럽 및 개인투자조합 20억, 전문엔젤 10억

장씨는 후배의 이야기를 다 듣고서야 비로소 엔젤 클럽에 대해서 이해가 되었다. 그런데, 엔젤 투자 매칭 펀드에 대한 내용을 보니, 개인투자조합과 엔젤 클럽은 알겠는데, 전문엔젤은 생소했다.

"전문엔젤은 중소기업청에서 인정할만한 일정 수준의 요건을 갖춘 개인 엔젤투자자를 말합니다. 일정 요건이라는 것이 약간 까다로운데요, 창업지원법에 의거한 투자실적으로 인정되는 중소기업에 신주투자 실적을 보유한 개인이어야 합니다. 전문엔젤로 등록되기 위해서는 중소기업청에 신청을 해야 하는데, 신청일 기준으로 최근 3년간의 투자금액 합계가 1억원 이상의 투자실적을 갖춰야 해요. 그리고 인수한 날로부터 1년 이상 보유하고 있는 주식이어야 실적이 인정됩니다. 좀 까다롭죠? 개인투자조합이나 엔젤 클럽만 활용하시더라도 개인투자자로서 초기 기업에 대한 투자는 얼마든지 할 수 있으니 전문엔젤은 이런 제도가

있다는 정도로만 알아두시면 될 겁니다."

엔젤투자 소득공제

장씨는 후배의 조언 덕분에 엔젤 클럽을 알게 되어 5명을 모아 엔젤 클럽을 결성하였고, 결성한 엔젤 클럽을 통해 총 2억원의 투자금을 소셜 마케팅 스타트업 기업에 투자할 수 있었다.

투자를 받은 초기 기업은 장씨 덕분에 정부 매칭투자금을 포함하여 4억원을 투자 받게 되어 자금에 대한 어려움이 해소되었고, 앱 개발을 순조롭게 진행할 수 있었다. 장씨는 초기 벤처기업에 자금지원을 해 주었다는 보람도 느낄 수 있었다.

그는 투자 후에 조언 해 준 후배에게 고마운 마음에 저녁을 사기로 하고 만나서 이런저런 이야기를 하다가 엔젤 투자에 대한 세금혜택에 대한 이야기를 듣게 되었다.

"과거에는 벤처기업에 개인이 신주를 투자하더라도 세금혜택이 크지 않았는데, 2014년부터 세제혜택이 강화되었어요. 2015년도에 들어와서는 2014년도에 강화된 혜택보다 더 개선이 되었지요."

장씨는 세금혜택을 감안하여 투자를 한 것은 아니었지만, 이미 투자한 건을 가지고 세금혜택을 받을 수 있다고 하니, 귀가 번쩍 뜨였다. 엔젤 클럽이 소셜 마케팅 기업에 투자한 총 2억원 중 장씨가 투자한 금액은 1억원이었다.

"스타트업 기업에 1억이나 투자를 하셨어요? 굉장히 많이 하셨네요. 선배님은 내년에 중소기업청에 전문엔젤로 등록이 가능하신 수준이시네요. 게다가 올해 상당히 절세를 하실 수 있을 것 같습니다."

장씨는 금융기관의 고액 연봉자로, 연봉이 높아서 세금도 많이 내고 있었다. 그는 엔젤 투자로 얼마나 절세를 할 수 있을지 궁금했다.

"2015년도에 개정된 규정을 적용하면, 1천5백만원 이하는 100% 소득공제를 받고, 1천5백만원을 초과 5천만원 이하는 50%, 5천만원을 초과하는 것은 30%의 소득공제를 받게 됩니다. 총 1억원을 투자하셨으니까, '1천5백만원 + 1천7백5십만원 + 1천5백만원' 총 4천7백5십만원의 소득공제를 받으실 겁니다."

엔젤 투자 소득공제 (2015년 개정)

1. 소득공제 비율
    1) 15,000,000원 이하 : 100%
    2) 1항 초과 50,000,000원 이하 : 50%
    3) 50,000,000원 초과 : 30%
2. 소득공제 한도 : 소득공제 신청 해당 과세 년도 종합소득금액의 50%
3. 공제 가능한 투자 대상 : 벤처기업

장씨는 깜짝 놀랐다. 엔젤 투자 건으로 4천7백5십만원의 소득공제를 받게 되면, 실효 세율이 줄어들게 되어 납부할 세금이 많이 줄어들게 되는 것이다. 그는 매년 연말정산 때 환급을 받는 것이 아니라 추가로 더 납부를 해 왔다. 엔젤 투자 덕분에 다음 해 연말 정산 때는 환급액을 받을 수 있다고 생각하니 기분이 좋아졌다.

13장

생활투자

 ## 투자 아이디어는 생활 속에 있다

국내 면세점에서 근무하는 고씨는 언젠가부터 밀려드는 중국인 관광객 때문에 화장실에 갈 틈도 없이 바쁜 생활을 하게 되었다. 받는 월급은 동일한데 일은 많아졌으니 직장 생활에 대한 불만이 커지게 되었다.

고된 하루를 마치고 밤 늦게 동료들과 간단하게 맥주를 마시면서 힘든 생활에 대한 불만을 성토하며 스트레스를 해소하곤 했다. 이런 자리라도 없으면 힘들어서 회사를 그만두고 싶은 심정이 될 것만 같았다.

"말도 마. 중국 손님들이 OO화장품을 얼마나 찾는지, 오늘 화장실도 제대로 못 갔다니까. 이 화장품이 한국 와서 중국 손님들이 꼭 사가야 되는 필수 아이템이래. 이 손님들 덕분에 오늘 하루 종일 시달렸어. 다크써클이 턱까지 내려왔잖니."

동료의 이야기를 듣자, 고씨는 갑자기 투자에 대한 아이디어가 떠

올랐다. 곰곰히 생각해 보니 면세점에서 중국인들에게 가장 인기 있는 품목은 한국산 화장품이었다. 중국인들도 저가 화장품 보다는 고급 브랜드를 선호했다. 게다가 중국인들의 한국산 화장품 쇼핑 열풍은 쉽게 끝날 것 같지 않았다.

고씨는 그 다음날 투자해 놓은 상장주식을 전부 매도하고, 전액 국내 최대의 화장품 기업인 A기업의 주식에 투자했다. 이 때가 2014년 1월이었다.

이전까지 고씨의 상장주식 투자 성적표는 그리 좋지 않았다. 아무런 정보도 없이 친구가 사라고 추천해 준 주식을 샀다가 항상 손해만 보고 팔곤 했다. 천만원으로 주식투자를 시작했으나, 여러 번 손해를 보고 6백만원 수준으로 투자금이 줄어든 상황이었고, A기업 주식은 처음으로 고씨의 판단대로 매수한 주식이었다. 고씨는 A기업 주식을 매수한 후 하루하루 주가 변동에는 관심을 갖지 않기로 결심했다.

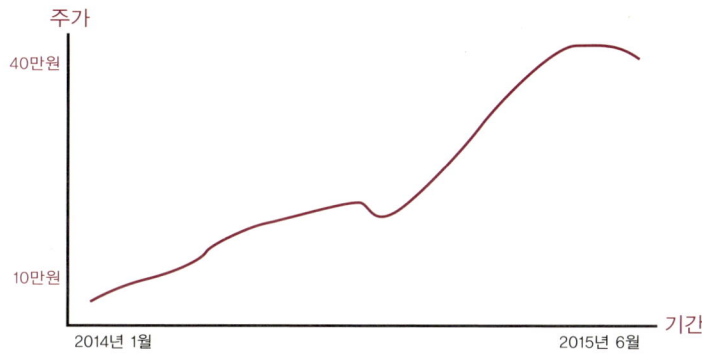

고씨는 2015년 5월부터 대한민국 전역을 공포로 몰아넣었던 메르스(MERS, 중동 호흡기 증후군,코로나바이러스(Coronavirus) 감염으로 인한 중증 급성 호흡기 질환)의 확산으로 인해 중국 관광객의 발길이 끊어지자, 2014년 1월에 매수하여 1년 4개월 동안 보유하고 있던 A기업의 주식을 매도했다. 주가는 1년 4개월동안 4배가 상승했으며, 6백만원 어치 주식을 매수했던 고씨의 증권계좌 잔액은 2천4백만원이 되어 있었다.

종업원인 그녀가 밀려드는
손님을 보고도 웃고 있는 이유?

투자는 생활화 되어야 한다

　　　　　직장인 허씨는 갑자기 허리가 아파서 직장에 전화를 걸어 병가(病暇, 병으로 인해 업무를 할 수 없어 얻는 휴가)를 신청했다. 디스크('척추 원반 탈출증'을 일상적으로 이르는 말)가 돌출되어 걸음을 제대로 걷지 못했기 때문이다.

　허씨는 허리가 아프고 걸음을 걸을 수가 없자, 걷는 다는 것이 얼마나 복잡한 메커니즘(mechanism)에 의해 이루어지는지 깨닫게 되었다. 걸음을 걷기 위해서는 인체의 많은 근육과 뼈를 움직여야 한다. 그 중 어느 한군데라도 문제가 생기면 걷는 것은 어려워진다. 이러한 사실은 허씨가 평소에 잘 걸어 다닐 때는 전혀 인지하지 못했던 사실이었다.

　투자가 생활화 되지 않는 사람은 투자가 매우 복잡한 메커니즘으로 이루어져 있다고 생각할 수 있다. 천천히 따져보면, 투자는 꽤 복잡한 메커니즘으로 구성되어 있다는 것을 알 수 있다. 하지만, 투자가 생활화 된 사람은 복잡하다고 느끼지 않는다.

　우리가 걷는 것이 생활화 되어 있는 것처럼 투자도 생활화 되어야 한다. 우리는 몸에 아무런 문제가 없을 때는 일상 생활 중에 아무렇지 않게 걸어다닌다. 이처럼 투자도 일상 생활 속에서 아무렇지 않게 할 수 있어야 한다.

생활 속에서 자연스럽게 이루어지는 투자는 일상 생활에서 걸어다니는 것 만큼이나 자연스럽다. 그리고, 투자에 대한 결과도 좋다. 그에 비해 억지로 끼워 맞추기 식으로 하는 투자는 부자연스럽기도 하고 투자에 대한 결과도 좋지 않은 경우가 많다.

우리는 배가 고프면 밥을 먹고, 배가 부르면 밥을 먹을 필요가 없다. 투자도 여건이 되면 하는 것이고, 여건이 되지 않으면 안 하면 된다. 밥을 억지로 먹다가 탈이 나듯이 투자도 억지로 하다가 큰 실수를 하게 된다.

"그 때 그 투자를 했어야 했어. 그랬으면 '대박' 났을텐데…" 이렇게 말하는 사람이 있다. 이 말은 "그 때 그 음식을 더 먹었어야 하는 건데, 자꾸 생각이 나네." 이렇게 말하는 것과 다를 바가 없다. '그 때 그 음식'을 먹을 기회는 또 생긴다. 기회가 생기면 또 먹으면 된다. '그 때 그 투자' 같은 투자를 할 기회는 또 생긴다. 기회가 생기면 투자하면 된다. 평생 다시 오지 않을 투자기회를 놓쳤다고 생각하는가? 그렇지 않다. 그런 투자기회는 다시 찾아온다.

'그 음식'을 먹기 전까지 다른 음식을 먹듯, '그러한 투자' 기회를 잡기 전까지 다른 투자를 하고 있으면 된다. 생활 속에서 자연스럽게 투자를 하다 보면 기회는 다시 온다. 그 기회를 잡기 위해서는 항상 투자와 가까이 하고 있어야 한다. 그렇지 않으면 내가 모르는 사이에 기회는 '강물'같이 흘러간다.

생활 속에서 자연스럽게 투자를 가까이 하며 투자의 근육을 키우면, 처음에는 걸어 다니는 수준이나, 나중에는 뛰어 다닐 수도 있다. 실패가 두려운가? 뛰다가 넘어지면, 다시 투자의 근육을 키워서 걷는 것부터 시작하고, 투자 근육을 더 키워서 뛸 수 있다. 이 때는 처음보다 더 빨리 뛸 수 있다. 이것은 생활 투자를 하면서 벌어지는 자연스러운 현상이다.

처음에 어색했던 것들이 점점 몸에 익숙해 지는 것처럼 투자도 생활화 하게 되면 점점 익숙해져서 어느덧 자연스럽게 된다. 생활 투자가 자연스러워지면 계산하고 따지지 않아도 자연스럽게 자산이 증가하는 것을 경험하게 될 것이다.

투자는 생활화 되어야 한다.

生 活 投 資

| 참고문헌 및 참고자료 |

워런버핏의 실전주식투자, 메리 버핏, 데이비드클라크 저 | 최준철 역 | 이콘 | 2010.09.02

기술적 분석 못하면 절대 주식투자 하지마라, 잭슈웨거 저 | 고영술 역 | 청림출판 | 2002.01.10

벤저민그레이엄의 증권분석, 벤저민그레이엄, 데이비드도드 저 | 박동욱 외 1명 역 |국일증권경제연구소 | 2008.03.20

주식투자는 사업이다, 저자 모닝퍼슨|청출판 |2011.01.13

눈덩이 주식투자법, 저자 서준식|부크온 |2012.09.01

금융상품에 사인하기 전에 알아야 할 모든 것, 송승용, 이영희 저 | 알투스 | 2014.05.01

재테크와 금융상품의 이해, 감형규, 신용재 저 | 율곡출판사 | 2015.03.09

금융상품의 이해와 운용, 이경균 저 | 두남 | 2014.12.15

ELS투자 바이블, 안훈민 저 | 참돌 | 2015.03.31

채권투자노트 (펀드매니저가 쓴), 김형호 저 | 이패스코리아 | 2012.02.15

채권왕 빌 그로스 투자의 비밀, 티머시미들턴 저 | 박준형 역 | 이레미디어 | 2011.02.05

현명한 채권투자자, 앤서니크레센치 저 | 김인정 역 | 리딩리더 | 2013.05.15

대한민국 주식투자 재무제표 재무비율 투자공식, 류종현 저 | 한국주식가치평가원 | 2013.12.16

서울대 최종학교수의 숫자로 경영하라 1 (회계로 경영을 말한다), 최종학 저 | 원앤원북스 | 2009.07.17

Value Timer의 전략적 가치투자, 신진오 저 | 이콘 | 2009.04.10

공짜 점심은 없다, 김진선, 오은수 저 |아템포 |2014.12.29

주식을 사려면 마트에 가라, 저자 크리스카밀로|역자 차백만|한빛비즈 |2012.05.14

장외주식 투자 바이블, 안옥림, 서유진 저 | 참돌출판사 | 2012.04.05

비상장주식에 투자하라, 현용수 저 | 알앤시 | 2007.12.10

비상장주식평가실무 (2012), 김완일 저 | 영화조세통람 | 2012.09.03

스타트업펀딩, 더멋버커리 저 | 이정석 역 | e비즈북스 | 2015.01.23

101가지 비즈니스 모델 이야기, 남대일, 김주희 외 3명 저 | 한스미디어 | 2015.03.15

린스타트업 바이블, 조성주 저 | 새로운제안 | 2014.11.20

벤처캐피탈의 투자기법, 홍성도 저 | ㈜학문사 | 1998.04.20

사모투자펀드(PEF) (IB의 핵심, PEF) 최문수, 이중완 저 | 새로운제안 | 2008.12.26

몰입창업 (청년창업가와소자본창업가를 위한 행복한 성공), 강재학, 서찬영 저 | 청람 | 2013.11.20

기업가정신과 리더십 (대한민국 토종 CEO의 신의 한 수), 신진오 저 | 혜성출판사 | 2015.02.15

How to Trade In Stocks, Jesse Livermore 저 |McGraw-Hill |2006.01.15

Stocks for the Long Run, Jeremy J Siegel 저 | McGraw-Hill | 2014.02.04

Investing with Exchange-Traded Funds Made Easy, A Start-To-Finish Plan to Reduce Costs and Achieve Higher Returns, 저자 Marvin Appel|Financial Times/Prentice Hall |2008.10.01

Bill Gross on Investing, Gross, William H. 저 | 티메카 | 199803

Understanding Arbitrage: An Intuitive Approach to Financial Analysis, 저자 Randall Billingsley|Wharton School Publishing |2005.10.01

Investment Philosophies AswathDamodaran 저 | Wiley | 2012.06.22

The Davis Dynasty: Fifty Years of Successful Investing on Wall Street, 저자 John Rothchild | John Wiley & Sons | 2003.12.01

Venture Capital Valuation, Lorenzo Carver 저 | Wiley | 2011.11.15

Initial Public Offerings, Gregoriou, Greg N. (EDT) 저 | Butterworth-Heinemann | 2005.12.06

Business Valuation Discounts and Premiums, Shannon P. Pratt 저 | Wiley | 2009.04.08

Venture Deals, Brad Feld 저 | Wiley | 2012.12.12

Essentials of Venture Capital, AlexanderHaislip 저 | Wiley | 2010.10.01

Valuation (Measuring And Managing The Value Of Companies), 저자 Thomas E. Copeland, TIM KOLLER | John Wiley & Sons Inc | 2005.06.10

Angel Investing David S. Rose 저 | Wiley | 2014.04.28

| 저자 최인우 |

    1992년 신한생명 공채로 입사하여 2000년도부터 투자업무에 종사하고 있다.

    현재, 12조원 규모의 유가증권(펀드)을 운용하고 있는 펀드매니저로, 자금시장에 정통한 '투자전문가'이다. 그가 이끌고 있는 신한생명 증권운용부는 2014년, 2015년도 연속으로 한국경제신문 주최 '한국 기금·자산운용대상'을 2회나 수상하는 등, 투자업계에서 높은 신뢰를 구축하고 있다.

    대학에서 투자론, 재무관리 강의를 하였고, 한국벤처창업학회 감사로 활동하는 등, 박사학위 취득 후에는 학계에서도 많은 활동을 하고 있다.

- 고려대학교 경제학 학사
- 연세대학교 MBA 경영학 석사
- 호서대학교 벤처경영전문대학원 경영학 박사

| 저자 신진오 |

    1996년 삼성그룹 공채로 입사하여 삼성증권 애널리스트, 이 후 현대증권을 거쳐 2000년도 중반부터 벤처캐피탈에서 13년 동안 벤처투자와 M&A, Pre IPO 투자를 해 온 '투자 전문가'이다.

    강의를 할 때가 가장 즐겁다는 그는 현재, 대학에서 강의를 하고 있으며, 대학의 사업기획단을 맡아 신규 사업을 추진하고 있다.

    2015년 2월에 출간한 그의 책 '기업가정신과 리더십'은 '기존의 책과는 다른 새로운 시도'라는 평가를 받았으며, 이를 계기로 지속적인 저술활동을 하고 있다.

- 서울과학기술대학교 외래교수, 호서대학교 사업기획단 단장
- 연세대학교 발명평가위원, 한국벤처창업학회 이사
- 서울동부지방검찰청 범죄피해자지원센터 멘토위원
- 중기청, 교육부 등 정부과제 심의위원